DOCÊNCIA *em* FORMAÇÃO

Ensino Superior

**Coordenação:
Selma Garrido Pimenta**

© 2012 by Maria Isabel de Almeida

© Direitos de publicação
CORTEZ EDITORA
Rua Monte Alegre, 1074 – Perdizes
05014-001 – São Paulo – SP
Tel.: (11) 3864-0111 Fax: (11) 3864-4290
cortez@cortezeditora.com.br
www.cortezeditora.com.br

Direção
José Xavier Cortez

Editor
Amir Piedade

Preparação
Alexandre Soares Santana

Revisão
Auricelia Lima Souza
Rodrigo da Silva Lima

Edição de Arte
Mauricio Rindeika Seolin

Ilustração de capa
António Carlos Tassara

Dados Internacionais de Catalogação na Publicação (CIP)
(Câmara Brasileira do Livro, SP, Brasil)

Almeida, Maria Isabel de
  Formação do professor do Ensino Superior: desafios e políticas institucionais / Maria Isabel de Almeida. – 1. ed. – São Paulo: Cortez, 2012. – (Coleção docência em formação: Ensino Superior / coordenação Selma Garrido Pimenta)

  ISBN 978-85-249-1945-9

  1. Educação superior 2. Ensino 3. Professores universitários – Formação profissional 4. Universidades e escolas superiores I. Pimenta, Selma Garrido. II. Título. III. Série.

12-08595   CDD-370.7124

Índices para catálogo sistemático:
1. Professores universitários: Formação profissional:
Educação 370.7124

Impresso no Brasil – junho de 2021

Maria Isabel de Almeida

Formação do **professor** do Ensino Superior
desafios e políticas institucionais

1ª edição
1ª reimpressão

Sumário

Aos professores 7

Apresentação da coleção 9

Apresentação do livro 19

Introdução 27

Capítulo I   As transformações na universidade contemporânea 37
       1. Contradições, dilemas e possibilidades da universidade contemporânea 46

Capítulo II   Por que a formação pedagógica dos professores do ensino superior? 59
       1. A especificidade da formação do professor do ensino superior 68
       2. Por onde caminhar na formação do professor do ensino superior? 77
       3. Pedagogia e didática na atuação docente: possibilidades para o ensinar e o aprender 87

Capítulo III   Experiências de formação e profissionalização de professores universitários 111
       1. A formação dos professores da Universidade de São Paulo 117

  1.1. O contexto da valorização
   e da formação
   dos docentes na USP 117
  1.2. Pontos marcantes da experiência .. 127
 2. O caso das universidades
 espanholas 129
  2.1. As políticas educacionais
   europeias e seus reflexos
   nas universidades 129
  2.2. A formação dos docentes
   na Universidade Autônoma
   de Barcelona 141
  2.3. A formação dos docentes na
   Universidade de Barcelona 146
  2.4. A formação dos docentes na
   Universidade Politécnica
   da Catalunha 149
  2.5. A formação dos docentes
   na Universidade de Alicante 151
  2.6. Pontos marcantes
   das experiências 153

CONSIDERAÇÕES FINAIS: LIMITES E
POSSIBILIDADES DA FORMAÇÃO
DOS DOCENTES DO ENSINO SUPERIOR 157

BIBLIOGRAFIA 173

AOS PROFESSORES

A **Cortez Editora** tem a satisfação de trazer ao público brasileiro, particularmente aos estudantes e profissionais da área educacional, a **Coleção Docência em Formação**, destinada a subsidiar a formação inicial de professores e a formação contínua daqueles que estão em exercício da docência.

Resultado de reflexões, pesquisas e experiências de vários professores especialistas de todo o Brasil, a Coleção propõe uma integração entre a produção acadêmica e o trabalho nas escolas. Configura um projeto inédito no mercado editorial brasileiro por abarcar a formação de professores para todos os níveis de escolaridade: **Educação Básica** (incluindo a **Educação Infantil**, o **Ensino Fundamental** e o **Ensino Médio**), a **Educação Superior**, a **Educação de Jovens e Adultos** e a **Educação Profissional**. Completa essa formação com as Problemáticas Transversais e com os Saberes Pedagógicos.

Com mais de 30 anos de experiência e reconhecimento, a Cortez Editora é uma referência no Brasil, nos demais países latino-americanos e em Portugal por causa da coerência de sua linha editorial e da atualidade dos temas que publica, especialmente na área da Educação, entre outras. É com orgulho e satisfação que lança a **Coleção Docência em Formação**, pois estamos convencidos de que se constitui em novo e valioso impulso e colaboração ao pensamento pedagógico e à valorização do trabalho dos professores na direção de uma escola melhor e mais comprometida com a mudança social.

José Xavier Cortez
Editor

Apresentação da Coleção

A Coleção **Docência em Formação** tem por objetivo oferecer aos professores em processo de formação e aos que já atuam como profissionais da Educação subsídios formativos que levem em conta as novas diretrizes curriculares, buscando atender, de modo criativo e crítico, às transformações introduzidas no sistema nacional de ensino pela Lei de Diretrizes e Bases da Educação Nacional, de 1996. Sem desconhecer a importância desse documento como referência legal, a proposta desta Coleção identifica seus avanços e seus recuos e assume como compromisso maior buscar uma efetiva interferência na realidade educacional por meio do processo de ensino e de aprendizagem, núcleo básico do trabalho docente. Seu propósito é, pois, fornecer aos docentes e alunos das diversas modalidades dos cursos de formação de professores (licenciaturas) e aos docentes em exercício, livros de referência para sua preparação científica, técnica e pedagógica. Os livros contêm subsídios formativos relacionados ao campo dos saberes pedagógicos, bem como ao campo dos saberes relacionados aos conhecimentos especializados das áreas de formação profissional.

A proposta da Coleção parte de uma concepção orgânica e intencional de educação e de formação de seus profissionais, e com clareza do que se pretende formar para atuar no contexto da sociedade brasileira contemporânea, marcada por determinações históricas específicas.

Como bem mostram estudos e pesquisas recentes na área, os professores são profissionais essenciais nos processos de mudanças das sociedades. Se forem deixados à margem, as decisões pedagógicas e curriculares alheias, por mais interessantes que possam parecer, não se efetivam, não gerando efeitos sobre o social. Por isso, é preciso investir na formação e no desenvolvimento profissional dos professores.

Na sociedade contemporânea, as rápidas transformações no mundo do trabalho, o avanço tecnológico configurando a sociedade virtual e os meios de informação e comunicação incidem com bastante força na escola, aumentando os desafios para torná-la uma conquista democrática efetiva. Transformar as escolas em suas práticas e culturas tradicionais e burocráticas que, por intermédio da retenção e da evasão, acentuam a exclusão social, não é tarefa simples nem para poucos. O desafio é educar as crianças e os jovens propiciando-lhes um desenvolvimento humano, cultural, científico e tecnológico, de modo que adquiram condições para fazer frente às exigências do mundo contemporâneo. Tal objetivo exige esforço constante do coletivo da escola – diretores, professores, funcionários e pais de alunos – dos sindicatos, dos governantes e de outros grupos sociais organizados.

Não se ignora que esse desafio precisa ser prioritariamente enfrentado no campo das políticas públicas. Todavia, não é menos certo que os professores são profissionais essenciais na construção dessa nova escola. Nas últimas décadas, diferentes países realizaram grandes investimentos na área da formação e desenvolvimento profissional de professores visando essa finalidade. Os professores contribuem com seus saberes, seus valores, suas experiências nessa complexa tarefa de melhorar a qualidade social da escolarização.

Entendendo que a democratização do ensino passa pelos professores, por sua formação, por sua valorização profissional e por suas condições de trabalho, pesquisadores têm apontado para a importância do investimento no seu desenvolvimento profissional, que envolve formação inicial e continuada, articulada a um processo de valorização identitária e profissional dos professores. Identidade que é *epistemológica*, ou seja, que reconhece a docência como um *campo de conhecimentos específicos* configurados em quatro grandes conjuntos, a saber:

1. conteúdos das diversas áreas do saber e do ensino, ou seja, das ciências humanas e naturais, da cultura e das artes;
2. conteúdos didático-pedagógicos, diretamente relacionados ao campo da prática profissional;
3. conteúdos relacionados a saberes pedagógicos mais amplos do campo teórico da educação;
4. conteúdos ligados à explicitação do sentido da existência humana individual, com sensibilidade pessoal e social.

Vale ressaltar que identidade que é *profissional*, ou seja, a docência, constitui um campo específico de intervenção profissional na prática social. E, como tal, ele deve ser valorizado em seus salários e demais condições de exercício nas escolas.

O desenvolvimento profissional dos professores tem se constituído em objetivo de propostas educacionais que valorizam a sua formação não mais fundamentada na racionalidade técnica, que os considera como meros executores de decisões alheias, mas em uma perspectiva que reconhece sua capacidade de decidir. Ao confrontar suas ações cotidianas com as produções teóricas, impõe-se rever suas práticas e as teorias que as informam, pesquisando a prática e produzindo novos conhecimentos para a teoria e a prática de ensinar. Assim, as transformações das práticas docentes só se efetivam à medida que o professor *amplia sua consciência sobre a própria prática*, a de sala de aula e a da escola como um todo, o que pressupõe os conhecimentos teóricos e críticos sobre a realidade. Tais propostas enfatizam que os professores colaboram para transformar as escolas em termos de gestão, currículos, organização, projetos educacionais, formas de trabalho pedagógico. Reformas gestadas nas instituições, sem tomar os professores como parceiros/autores, não transformam a escola na direção da qualidade social. Em consequência, *valorizar o trabalho docente significa dotar os professores de perspectivas de análise que os ajudem a compreender os contextos históricos, sociais, culturais, organizacionais nos quais se dá sua atividade docente*.

Na sociedade brasileira contemporânea, novas exigências estão postas ao trabalho dos professores. No colapso das antigas certezas morais, cobra-se deles que cumpram funções da família e de outras instâncias sociais; que respondam à necessidade de afeto dos alunos; que resolvam os problemas da violência, das drogas e da indisciplina; que preparem melhor os alunos nos conteúdos das matemáticas, das ciências e da tecnologia tendo em vista colocá-los em melhores condições para enfrentarem a competitividade; que restaurem a importância dos conhecimentos na perda de credibilidade das certezas científicas; que sejam os regeneradores das culturas/identidades perdidas com as desigualdades/diferenças culturais; que gestionem as escolas com economia cada vez mais frugal; que trabalhem coletivamente em escolas com horários cada vez mais fragmentados. Em que pese a importância dessas demandas, não se pode exigir que os professores individualmente considerados façam frente a elas. Espera-se, sim, que coletivamente apontem caminhos institucionais ao seu enfrentamento.

É nesse contexto complexo, contraditório, carregado de conflitos de valor e de interpretações, que se faz necessário ressignificar a identidade do professor. O ensino, atividade característica do professor, é uma prática social complexa, carregada de conflitos de valor e que exige opções éticas e políticas. Ser professor requer saberes e conhecimentos científicos, pedagógicos, educacionais, sensibilidade da experiência, indagação teórica e criatividade para fazer frente às situações únicas, ambíguas, incertas, conflitivas e, por vezes, violentas, das situações de ensino, nos contextos escolares e não escolares. É da natureza da atividade docente proceder à mediação reflexiva e crítica entre as transformações sociais concretas e a formação humana dos alunos, questionando os modos de pensar, sentir, agir e de produzir e distribuir conhecimentos na sociedade.

Problematizando e analisando as situações da prática social de ensinar, o professor incorpora o conhecimento elaborado, das ciências, das artes, da filosofia, da pedagogia e das ciências da educação, como ferramentas para a compreensão e proposição do real.

A Coleção investe, pois, na perspectiva que valoriza a capacidade de decidir dos professores. Assim, discutir os temas que perpassam seu cotidiano nas escolas – projeto pedagógico, autonomia, identidade e profissionalidade dos professores, violência, cultura, religiosidade, a importância do conhecimento e da informação na sociedade contemporânea, a ação coletiva e interdisciplinar, as questões de gênero, o papel do sindicato na formação, entre outros –, articulados aos contextos institucionais, às políticas públicas e confrontados com experiências de outros contextos escolares e com as teorias, é o caminho a que a Coleção **Docência em Formação** se propõe.

Os livros que a compõem apresentam um tratamento teórico-metodológico pautado em três premissas: há uma estreita vinculação entre os conteúdos científicos e os pedagógicos; o conhecimento se produz de forma construtiva e existe uma íntima articulação entre teoria e prática.

Assim, de um lado, impõe-se considerar que a atividade profissional de todo professor possui uma natureza pedagógica, isto é, vincula-se a objetivos educativos de formação humana e a processos metodológicos e organizacionais de transmissão e apropriação de saberes e modos de ação. O trabalho docente está impregnado de intencionalidade, pois visa a formação humana por meio de conteúdos e habilidades de pensamento e ação, implicando escolhas, valores, compromissos éticos. O que significa introduzir objetivos explícitos de natureza conceitual, procedimental e valorativa em relação aos conteúdos da matéria que se ensina; transformar o saber científico ou tecnológico em conteúdos formativos; selecionar e organizar conteúdos de acordo com critérios lógicos e psicológicos em função das características dos alunos e das finalidades do ensino; utilizar métodos e procedimentos de ensino específicos inserindo-se em uma estrutura organizacional em que participa das decisões e das ações coletivas. Por isso, para ensinar, o professor necessita de conhecimentos e práticas que ultrapassem o campo de sua especialidade.

De outro ponto de vista, é preciso levar em conta que todo conteúdo de saber é resultado de um processo de construção de conhecimento. Por isso, dominar conhecimentos não se refere apenas à apropriação de dados objetivos pré-elaborados, produtos prontos do saber acumulado. Mais do que dominar os produtos, interessa que os alunos compreendam que estes são resultantes de um processo de investigação humana. Assim, trabalhar o conhecimento no processo formativo dos alunos significa proceder à mediação entre os significados do saber no mundo atual e aqueles dos contextos nos quais foram produzidos. Significa explicitar os nexos entre a atividade de pesquisa e seus resultados, portanto, instrumentalizar os alunos no próprio processo de pesquisar.

Na formação de professores, os currículos devem configurar a pesquisa como *princípio cognitivo*, investigando com os alunos a realidade escolar, desenvolvendo neles essa atitude investigativa em suas atividades profissionais e assim configurando a pesquisa também como *princípio formativo* na docência.

Além disso, é no âmbito do processo educativo que mais íntima se afirma a relação entre a teoria e a prática. Em sua essência, a educação é uma prática, mas uma prática intrinsecamente intencionalizada pela teoria. Decorre dessa condição a atribuição de um lugar central ao estágio, no processo da formação do professor. Entendendo que o estágio é constituinte de todas as disciplinas percorrendo o processo formativo desde seu início, os livros da Coleção sugerem várias modalidades de articulação direta com as escolas e demais instâncias nas quais os professores atuarão, apresentando formas de estudo, análise e problematização dos saberes nelas praticados. O estágio também pode ser realizado como espaço de projetos interdisciplinares, ampliando a compreensão e o conhecimento da realidade profissional de ensinar. As experiências docentes dos alunos que já atuam no magistério, como também daqueles que participam da formação continuada, devem ser valorizadas como referências importantes para serem discutidas e refletidas nas aulas.

Considerando que a relação entre as instituições formadoras e as escolas pode se constituir em espaço de formação contínua para os professores das escolas assim como para os formadores, os livros sugerem a realização de projetos conjuntos entre ambas. Essa relação com o campo profissional poderá propiciar ao aluno em formação oportunidade para rever e aprimorar sua escolha pelo magistério.

Para subsidiar a formação inicial e continuada dos professores onde quer que se realizem: nos cursos de licenciatura, de pedagogia e de pós-graduação, em universidades, faculdades isoladas, centros universitários e Ensino Médio, a Coleção está estruturada nas seguintes séries:

Educação Infantil: profissionais de creche e pré-escola.

Ensino Fundamental: professores do 1º ao 5º ano e do 6º ao 9º ano.

Ensino Médio: professores do Ensino Médio.

Ensino Superior: professores do Ensino Superior.

Educação Profissional: professores do Ensino Médio e Superior Profissional.

Educação de Jovens e Adultos: professores de jovens e adultos em cursos especiais.

Saberes pedagógicos e formação de professores.

Problemáticas transversais e formação de professores.

Em síntese, a elaboração dos livros da Coleção pauta-se nas seguintes perspectivas: investir no conceito de *desenvolvimento profissional*, superando a visão dicotômica de formação inicial e de formação continuada; investir em sólida formação teórica nos campos que constituem os saberes da docência; considerar a formação voltada para a profissionalidade docente e para a construção da identidade de professor; tomar a pesquisa como componente essencial da/na formação; considerar a prática social concreta da educação como objeto de reflexão/formação ao longo do processo formativo; assumir a visão de totalidade do processo escolar/educacional em sua inserção no contexto sociocultural; valorizar a docência como atividade intelectual, crítica e reflexiva; considerar a ética como fator fundamental na formação e na atuação docente.

São Paulo, 21 de fevereiro de 2012
Selma Garrido Pimenta
Coordenadora

Apresentação do livro

Apresentação do livro

É com grande prazer que apresento à comunidade acadêmica o livro de Maria Isabel de Almeida, que traz à reflexão aspectos inovadores da formação continuada do professor do ensino superior.

Na perspectiva de reconhecer que a dimensão pedagógica pode ser valioso instrumento para mediar as contradições enfrentadas pela universidade neste início de século XXI é que a autora realça as investigações que empreendeu tanto junto à Pró-Reitoria de Graduação da Universidade de São Paulo, com foco no Projeto Pedagogia Universitária, como junto a diferentes universidades espanholas, buscando conhecer processos de formação de professores universitários.

A autora aposta na formação pedagógica como ação coletiva que pode produzir novas e revigorantes formas de transformar a prática docente, tendo em vista um produtivo processo de formação de futuros profissionais. Assim, a leitura do livro traz a compreensão de que cabe às instituições universitárias investir na formação continuada de seus docentes, a fim de reafirmar as possibilidades desta como espaço de crítica, de socialização e de produção de conhecimentos.

O Capítulo I do livro aborda com lucidez as transformações que, nesta última década, atingiram as universidades, especialmente as brasileiras, como fruto de um aumento significativo e diversificado de novos sujeitos sociais que passam a frequentá--las. Esse aumento quantitativo, aliado às tensões produzidas por políticas de cunho neoliberal implementadas também neste período, vem a impactar sobretudo as formas de gestão e os valores que permeiam as finalidades sociais da universidade, gerando consequências nos fundamentos pedagógicos que subsidiam as concepções de docência e de práticas formativas. Realça a autora que essas mudanças requerem a reconfiguração de valores e de práticas e novas formas de lidar com a complexidade da situação. Adverte com vigor que tais transformações podem ocasionar a descaracterização do papel da universidade e comprometer a ideia de democratização do saber, pilar tão caro à democracia.

No Capítulo II, a autora enfrenta com pertinência a questão da formação de professores. O que é, afinal, ser professor na universidade? Como sê-lo em condições tão difíceis? Mais uma vez, apoia-se firmemente na noção da docência pedagogicamente estruturada. Para tanto, reafirma a convicção de que cabe à pedagogia, ciência da educação, oferecer subsídios para a construção dessa prática. Assim, reconhece que a docência não se realiza por atividades e fazeres desconectados das condições institucionais, dos processos de profissionalização, das finalidades e de compromissos coletivamente assumidos. Recupera com propriedade a "concepção ecológica" de formação, que se faz em movimentos dialéticos entre o *ser professor*; o *saber ser professor* e, fundamentalmente, o *poder ser professor*. Certifica com isso que, se os saberes de conteúdo são importantes na prática docente, serão insuficientes se forem apenas transmitidos aos alunos, sem produzir neles processos de reelaboração cognitiva e mesmo existencial. Formar é mais que transmitir informações; é desencadear novas formas de apreender e transformar a realidade. Por conseguinte, será preciso que os docentes encontrem espaço de acolhimento e de sustentação institucional; tenham espaços coletivos para participar de processos colaborativos de construção/reconstrução das práticas que "aninham" e potencializam sua ação pedagógica. Esta é a profunda inovação que Maria Isabel está propondo no livro: perguntar o que é mesmo uma prática docente pedagogicamente estruturada. Vale a pena a leitura atenta de suas considerações sobre a construção/reconstrução da prática docente e as possibilidades dela na consolidação de espaços que podem qualificar o trabalho acadêmico.

No Capítulo III, a autora centra suas análises na responsabilidade social das instituições com a formação continuada dos docentes. *Qual o lugar dessa formação na vida pessoal, profissional, institucional?* Essa é a pergunta que faz, convidando-nos a refletir com base em suas pesquisas em cinco universidades: a Universidade de São Paulo e a Universidade Autônoma de Barcelona, a Universidade de Barcelona, a Universidade Politécnica da Catalunha e a Universidade de Alicante, estas últimas espanholas. O que nos ensinam essas experiências? Fundamentalmente, ensinam-nos que, apesar das diferenças, há singularidades. Há sempre possibilidades formativas quando a instituição tece políticas que dialogam com as necessidades docentes, as quais por certo reverberam na aprendizagem dos alunos; ou seja, ao pôr em perspectiva a formação dos alunos, o caminho institucional mais eficaz e sábio será focar o professor e suas necessidades pessoais e profissionais.

A formação de professores pedagogicamente estruturada, como reivindica Maria Isabel, requer espaços coletivos de vivência, escuta e planejamento. Essa formação assim definida solicita um olhar contínuo e comprometido para as práticas em ação, a fim de constituir um processo de vigilância crítica que revigora aquilo que vai bem e reconstrói o que já não parece adequar-se às condições do momento. Situações complexas requerem ações contínuas de avaliação/reavaliação de seus rumos. Situações complexas requerem, antes de tudo, a consciência e a percepção da complexidade.

Este livro tem este valor: conduz-nos à percepção da complexidade, ajuda-nos a caminhar num terreno prenhe de tensões e contradições e oferece-nos algumas ferramentas para caminharmos mais seguros, no terreno difícil que é a pedagogia da universidade.

Desta forma, é livro que deverá ser lido em todas as universidades e instituições de ensino superior e estar presente em cada sala de professor, suscitando o debate e oferecendo referências que poderão pautar novos e ricos diálogos sobre a temática em questão.

Profa. dra. Maria Amélia Santoro Franco

Introdução

Introdução

O foco deste livro é a formação do professor do ensino superior. Nele discuto centralmente a importância, as possibilidades e os modos de desenvolver processos de formação continuada dos professores do ensino superior, implicando-os direta e produtivamente no ensino, sobretudo na graduação, de modo que sejam capazes de atender mais plenamente às necessidades formativas dos estudantes em fase de profissionalização.

Para tanto, discuto alguns caminhos favorecedores da apropriação de bases teóricas no campo político-pedagógico, capazes de qualificar positivamente as ações de ensino, bem como possibilidades de vivência profissional favorecedoras do desenvolvimento profissional dos professores do ensino superior. O argumento central é que *a formação do docente do ensino superior e o sucesso do seu desenvolvimento profissional resultam da combinação de seu interesse e engajamento pessoal com a responsabilidade institucional de assegurar e valorizar possibilidades formativas por meio de ações políticas de gestão.* Para explicitar a importância dessa articulação de responsabilidades, analiso também alguns programas de formação continuada levados a efeito por meio de ações institucionais desenvolvidas por algumas universidades.

Este livro é fruto de estudos e pesquisas que venho conduzindo na última década a respeito da formação pedagógica do docente que atua nesse nível de ensino, bem como das compreensões sobre esse tema que pude consolidar no contexto de ações de gestão acadêmica na Universidade de São Paulo, onde trabalho.

Sua estrutura é composta de três capítulos.

O Capítulo I visa apreender as circunstâncias que permeiam hoje o ensino superior. Portanto, busca-se a compreensão do papel das instituições formadoras nesse nível de ensino, o qual, para atender à multiplicidade de demandas sociais, vem passando por um crescimento bastante significativo nas últimas décadas em todo o mundo, especialmente no Brasil. Dois grandes âmbitos de transformações são analisados. O primeiro refere-se à reconfiguração dos valores decorrentes das mudanças sociais geradas pela globalização e pelas formas de produção e divulgação do conhecimento, o que demanda da universidade, como espaço de produção científica e crítica de conhecimentos, uma formação de profissionais articulada com a velocidade das mudanças verificadas no mundo atual. O segundo advém das transformações vividas pela própria sociedade, o que torna mais complexo o papel formativo das instituições de ensino superior: massificação e diversificação do perfil estudantil, presença de estudantes trabalhadores, ampliação dos cursos noturnos, incorporação das novas tecnologias, facilidades de acesso ao conhecimento, além da emergência das novas demandas formativas apresentadas pela sociedade.

Nesse cenário de mudanças convivem instituições com histórias, objetivos e características muito diferenciadas que mantêm distintas relações com o mundo contemporâneo. Elas são marcadas pela disputa entre dois modelos antagônicos: o da instituição social comprometida com a ideia de democracia e de democratização do saber, que está sendo pressionado pelo modelo da organização operacional comprometida com os mecanismos empresariais de gestão e funcionamento. Explicita-se a noção de que o alimento dessa disputa advém da força com que a globalização impõe a reconfiguração dos valores e das formas de produção e divulgação do conhecimento, da ampliação do número de pessoas a serem formadas, dos modos de gestão e de financiamento da universidade.

Hoje se fazem presentes no segmento do ensino superior instituições com distintos perfis, mas em todas elas, com maior ou menor incidência, são perceptíveis as implicações dessas mudanças na atuação dos professores, que enfrentam as decorrências da massificação e da diversificação do perfil estudantil; das pressões pela reorientação dos fundamentos do trabalho de formação; das circunstâncias empregatícias centradas, em muitos casos, apenas na ação de exclusivamente ministrar aulas; do alijamento dos professores nas definições dos rumos pedagógicos da formação que realizam; do individualismo resultante da inexistência de instâncias e dimensões coletivas na organização do trabalho docente; do controle quantitativo sobre a produção acadêmica. Busca-se evidenciar, em síntese, que esse conjunto de transformações tem acarretado, muitas vezes, a descaracterização do papel da universidade classicamente constituída como instituição social comprometida com a ideia de democracia e de democratização do saber.

O Capítulo II centra-se na problemática da formação dos docentes para o ensino superior. Tomam-se como ponto de partida os problemas presentes na formação dos professores para o exercício da vida acadêmica, formação que ocorre normalmente em programas de pós-graduação *stricto sensu,* em que o futuro docente desenvolve os conhecimentos teóricos e instrumentais da atividade de pesquisa e consolida as apropriações referentes ao seu campo científico de atuação. O entendimento subliminar desse percurso é que o ensino decorre das aprendizagens e vivências propiciadas pelas demais atividades profissionais. Em outras palavras, busca-se evidenciar que o professor do ensino superior não tem uma formação voltada para os processos de ensino-aprendizagem, pelos quais ele é responsável quando inicia sua vida acadêmica. Os elementos constitutivos de sua atuação docente, como planejamento, organização da aula, metodologias e estratégias didáticas, avaliação e peculiaridades da interação professor-aluno – essenciais para os processos de ensino-aprendizagem –, são-lhe desconhecidos cientificamente.

Defende-se a ideia de que a docência requer formação profissional específica para o seu exercício, incessantemente reconfigurado. Portanto, os modos de "ser professor", de "saber ser professor" e de "poder ser professor" estão permanentemente em questão e vinculam-se à própria construção da identidade docente e ao seu desenvolvimento profissional. Isso requer que a formação seja vista de maneira articulada em seus aspectos social, histórico, institucional e pedagógico e não seja separada das condições efetivas de exercício profissional da docência. Requer também que ela seja capaz de propiciar formas de desenvolvimento profissional condizentes com a dinâmica da assim chamada "sociedade do conhecimento", uma vez que os docentes precisam efetivar ações de ensino que favoreçam aos alunos uma relação com o conhecimento sustentada numa perspectiva crítica.

O entendimento de que a formação docente precisa ser fundada em uma "concepção ecológica" é explicitado como contraponto aos modos atuais de realizar essa formação. Nessa perspectiva, há que levar em conta o entorno, o indivíduo, o coletivo, a instituição, a comunidade, as bases subjacentes às práticas de ensinar, as decisões e as atitudes dos professores em um contexto específico – a instituição de ensino e a sala de aula. Como fundamentos dessa proposição, argumenta-se em favor da pedagogia, entendida como ciência da educação e centrada na problemática da formação humana, e da didática, entendida como campo de estudo e de investigação sobre o ensino, considerando-as elementos essenciais para que os professores possam desempenhar profissionalmente, e a contento, as atividades inerentes ao ensino.

O Capítulo III assenta-se na ideia de que a formação dos docentes do ensino superior, com ênfase na dimensão pedagógica, requer condições institucionais para enraizar-se e ganhar *status* de elemento integrante da profissionalidade docente. O diagnóstico das circunstâncias que delimitam o trabalho docente no seio da instituição é essencial para o estabelecimento do "lugar" que essa formação ocupa na vida dos professores, em sua dimensão pessoal, profissional e institucional. O estabelecimento de políticas institucionais destinadas a pôr em prática projetos de formação docente com caráter permanente representa uma mudança de paradigma no desenvolvimento das políticas das instituições de ensino superior.

E é na busca do diagnóstico dessas circunstâncias que se encaminha a análise das experiências de formação continuada desenvolvidas por cinco universidades: a Universidade de São Paulo, no Brasil, e quatro universidades espanholas – Universidade

Autônoma de Barcelona, Universidade de Barcelona, Universidade Politécnica da Catalunha e Universidade de Alicante.

Essas cinco experiências, historicamente constituídas e socialmente circunscritas, evidenciam distintas possibilidades formativas. Nelas busca-se identificar os mecanismos institucionais que concorrem para sua implementação, as inter-relações com o contexto brasileiro e espanhol e a apreensão dos pressupostos teóricos que lhes dão sustentação. Em síntese, o que se procura evidenciar é que a diversidade de caminhos potencializa e enriquece as possibilidades para a formação do professor do ensino superior e propicia a compreensão de que existem múltiplas maneiras de realizá-la.

As *Considerações Finais* procuram explicitar alguns elementos que tragam contribuições para o campo ainda em construção da pedagogia universitária e favoreçam a constituição de políticas institucionais propositivas, a valorização dos saberes docentes e das práticas pedagógicas, o resgate e fortalecimento dos compromissos pessoais e coletivos dos professores com a própria formação e com a melhora das práticas relativas ao ensino e a formulação de projetos de formação intencionalmente ancorados na dimensão coletiva do fazer docente.

Capítulo I

As transformações na universidade contemporânea

As transformações na universidade contemporânea

"La Universidad es la institución central de la sociedad del conocimiento, o sea nuestra sociedad. Y ello es así porque es la fuente principal de producción de conocimiento científico, técnico y artístico, y porque es el sistema de formación de quienes dirigen la sociedad, hacen funcionar la economía, administran las instituciones y generan la innovación, fuente esencial de riqueza y bienestar."
Manuel Castells

"La universidad es una metainstitución. A través de sus ritmos discursivos internos, contiene la capacidad inherente para seguir indagando sobre sí misma, para generar un sentido en continua evolución de sí misma y para reponerse."
Ronald Barnett

Por mais diverso que seja hoje o perfil das instituições de ensino superior, discutir seus impasses e dilemas, enquanto espaços voltados para a realização do ensino numa perspectiva de formação e desenvolvimento humano, requer adentrar os meandros da instituição "universidade", que conta quase nove séculos de existência e tem presença no continente europeu antes mesmo da consolidação da maioria dos países atualmente existentes.

Nos seus primórdios ela denominava-se *universitas magistrorum et scholarium* e congregava mestres e estudantes. O que caracterizou as circunstâncias vividas e os papéis desempenhados pela universidade no mundo ocidental ao longo dos últimos nove séculos? Quais as transformações vividas com o advento da pré-modernidade, da modernidade e da pós-modernidade? Sua evolução política, histórica, cultural e pedagógica é essencial para a compreensão de sua situação atual como instituição profundamente articulada com os modos de pensar, produzir e organizar a vida das sociedades ocidentais.

Durante a Idade Média, a universidade estruturava-se em torno das aulas magistrais, caracterizava-se pelo enclausuramento de professores e alunos na busca de proteção e organizava-se de forma corporativa para manter seus privilégios. Tinha no *trivium* (gramática, retórica e lógica) e no *quadrivium* (aritmética, geometria, astronomia e música) sua estrutura curricular. A indissociabilidade entre ensino e pesquisa e a produção interdisciplinar do conhecimento também constituíam algumas de suas marcas. Nessa época ela não era uma instituição nacional, pois congregava mestres e estudantes de toda a comunidade cristã e se preocupava com o saber universal.

Nos séculos seguintes, ela continuou fechada à dinâmica social, que passava por grande transformação, de forma que não constituiu o *locus* dos desenvolvimentos científicos e filosóficos gestados nas academias científicas – portanto, fora de seus muros – e não se adequou à modernidade iniciante, mantendo-se zelosa da preservação e transmissão da cultura e da ciência pré-moderna. Até o século XIX a universidade passou por transformações bastante limitadas.

As mudanças nos seus rumos, que possibilitaram o seu reposicionamento social, ocorreram no início do século XIX, com o advento de dois novos paradigmas organizacionais que ensejaram o avanço nas pesquisas e nas relações com a sociedade. O *modelo napoleônico*, que visava à formação de nova elite intelectual capaz de contribuir para a viabilização do projeto burguês, caracterizou-se pela preservação da ideia de universalidade e de difusão do saber constituído, criou as regulamentações profissionais, cerceou a autonomia da universidade e instituiu a proteção do Estado. Já o *modelo humboldtiano*, que buscou constituir a formação de uma elite alemã, consagrou a separação da universidade do controle do Estado, assegurando-lhe liberdade diante do poder e da religião, e fez que a autonomia e a pesquisa se tornassem as marcas distintivas da ideia moderna de universidade.

As transformações decorrentes desses dois modelos constituíram o passo necessário para a superação dos quase dois séculos de atraso em relação aos acontecimentos científicos de então. A universidade passou a problematizar a cultura europeia e abriu-se a outras culturas, o que permitiu a coexistência da cultura das humanidades com a cultura científica (MORIN, 2000).

Nessa nova fase, a universidade favoreceu o desenvolvimento acelerado de novas ciências e especializações, participou desse desenvolvimento e foi-se reconfigurando à medida que se foram processando as transformações históricas, econômicas e sociais, ao mesmo tempo que sustentou o exercício de pôr-se sob a mira da própria crítica. Os avanços científicos alcançados no último século na direção da compreensão e da transformação do mundo acabaram por gerar aguda fragmentação do conhecimento e o enfraquecimento da comunicação e do diálogo entre os cientistas, configuração essa herdada das opções epistemológicas feitas no século XIX. O crescente volume de conhecimentos altamente especializados e fragmentados tem relação direta com a dinâmica vivida pela universidade nos últimos 150 anos, fruto do papel que lhe tem sido atribuído.

Esse quadro possibilitou, na segunda metade do século XX, o surgimento do que alguns autores, como Lyotard, Rorty ou Jameson, denominam de *pós-modernidade* ou que Barnett chama de *era da supercomplexidade*. Esses dois conceitos são importantes para ajudar a explicitar o ataque feito à validade e à legitimidade dos preceitos básicos da modernidade, o qual é responsável pela constituição de muitas das características da universidade contemporânea.

Para alguns adeptos da leitura pós-moderna, a universidade passa a ser atacada porque incorpora em seu modo de ser a essência da modernidade, o que pode ser exemplificado pela força da razão como impulsionadora da produção de conhecimento, pelo privilégio da perspectiva disciplinar na organização e realização da pesquisa e da docência, pelo princípio de determinação da ciência, pela constituição das metanarrativas que sustentam os grandes sistemas teóricos. Foram esses princípios que asseguraram por muitos e muitos anos a crença na ciência praticada essencialmente pela universidade e que agora está sendo contestada. Em síntese, para determinada linha de pensadores pós-modernos, todas as estruturas sustentadas no império da razão são postas sob suspeita (SANTOS FILHO, 2000).

Já os que partilham da perspectiva da supercomplexidade consideram que essa condição da vida contemporânea foi, em grande parte, constituída pela ação da própria universidade. Vivemos então, segundo essa interpretação, uma situação onde as formas de compreender o mundo se mostram problemáticas e as estratégias utilizadas para manejar a complexidade são contestadas, gerando grande incômodo. Qualquer estrutura analítica capaz de explicar partes do real pode ser impugnada por outro conjunto de teorias, o qual pode mostrar-se detentor de igual validade.

E é exatamente por estar envolvida com essa multiplicidade de formulações teóricas que a universidade é responsável por produzir novas análises capazes de ajudar a sociedade a (con)viver com essas circunstâncias. Para os analistas dessa linha, as estruturas explicativas produzidas são, portanto, frágeis, problemáticas e criticáveis, o que nos impede de apegar-nos a elas com segurança (BARNETT, 2002).

Essas múltiplas e distintas leituras a respeito da condição social atual e da situação vivida pela universidade agregam argumentos a um debate da maior importância: qual é o lugar e a importância da universidade no mundo contemporâneo? As ideias explicitadas nas epígrafes deste capítulo oferecem referências fundamentais para enfrentá-lo: ela ocupa lugar central na chamada sociedade do conhecimento porque é a principal produtora de conhecimento científico, técnico e artístico, é a formadora de quem dirige a sociedade (CASTELLS, 2006) e contém a capacidade inerente para seguir indagando sobre si mesma e gerar sentido para sua contínua evolução (BARNETT, 2002).

O lugar e a importância da universidade contemporânea vêm sendo afetados pelas circunstâncias econômicas e políticas atuais e também pelas novas compreensões das múltiplas relações organizadoras da vida, o que tem constituído fonte de pressões de diversas naturezas sobre a universidade, alterando sua estrutura, sua posição e seu sentido social. Morin (2009, p. 17-18) considera que o século XX trouxe à universidade *uma forte pressão sobreadaptativa que pretende adequar o ensino e a pesquisa às demandas econômicas, técnicas e administrativas do momento, aos últimos métodos, às últimas imposições do mercado, assim como reduzir o ensino geral e marginalizar a cultura humanista.*

Se é verdade que a universidade veio modificando, através dos séculos, sua orientação e organização, bem como reconfigurando sua projeção social, há que reconhecer que nas últimas cinco ou seis décadas as demandas advindas da sociedade se aceleraram e se intensificaram, provocando verdadeira transformação nas suas estruturas internas.

Em meio a todas essas alterações, alguns traços marcantes têm-se mantido como características da universidade através dos tempos. Um desses traços é a inquietude em face de seu papel social, o que a faz discutir sobre si mesma e sobre suas relações com as múltiplas dimensões sociais. Com isso ela se tem mostrado capaz de criticar seu próprio caráter institucional e suas perspectivas orientadoras na produção do conhecimento e na formação de profissionais. Suas práticas convidam ao debate, às trocas, abrindo espaço para a manifestação tanto de intenções conservadoras e favoráveis à restrição do debate como de intenções transformadoras e fomentadoras da discussão. É isso que lhe permite conter, em si mesma, o potencial para enfrentar o futuro. Características como abertura, flexibilidade e reflexão constituem marcas do mundo acadêmico. No entanto, essas características só podem existir no plano institucional se se fizerem presentes nos sujeitos que constituem a universidade. Ou seja, para além de serem características institucionais, necessitam ser características pessoais, uma vez que abertura, flexibilidade e capacidade de reflexão e de autorreflexão são qualidades essenciais para a vida acadêmica.

Se esperamos da universidade que continue a expandir as compreensões do mundo e oferecer elementos para a nossa própria autocompreensão, possibilitando ampliar nossas ações sociais e melhorar as condições de vida e as relações das pessoas entre si e com o mundo, é de grande importância atentar não só para os modos pelos quais a formação dos seus estudantes – futuros profissionais e cientistas – está sendo feita, mas também para os rumos orientadores da produção do conhecimento, o que amplia a importância da formação dos seus quadros para o exercício das tarefas da universidade. Esse é o foco das reflexões que se seguem.

1. Contradições, dilemas e possibilidades da universidade contemporânea

Pontuamos até aqui algumas expectativas bastante amplas quanto ao futuro da universidade, configuradas no plano das concepções a respeito dessa instituição milenar. Vamos agora pontuar as suas contradições e dilemas, para então buscarmos vislumbrar suas possibilidades.

Nosso ponto de partida é a ideia de que a universidade, como instituição social constituída por agentes que levam avante interesses, intenções e projetos marcadamente articulados com perspectivas orientadoras do marco social mais amplo de que é parte, tem uma relação estreita e de dependência com as forças e interesses em ação em cada contexto histórico e social. Incorpora os elementos da cultura que lhe dá origem, atualizando-a por meio de suas próprias ações sustentadas em políticas, diretrizes, propostas. Ou seja, ela está articulada com as transformações sociais que se fazem presentes em seu interior mediante aquilo que genericamente se pode chamar de "política universitária", responsável por traduzir, por meio das diretrizes legislativas e da destinação dos recursos financeiros, os interesses hegemônicos em dado contexto social.

Essa política universitária contemporânea – e todos os elementos articuladores das relações entre universidade e sociedade – apresenta-se fortemente influenciada pelas relações do capitalismo globalizado. Com efeito, o predomínio do capital transnacional impacta as ações do Estado e influencia a cultura e a própria universidade, que vem sendo ajustada às demandas do capitalismo nacional e internacional, ou seja, aos interesses das grandes empresas públicas e privadas (IANNI, 1986).

Ao mesmo tempo que é questionada por alguns, a força das políticas econômicas, num permanente movimento dialético, também se traduz em estratégias orientadoras do contexto universitário, impregnando suas formas de organização e gestão (direcionadas para a redução de custos), os objetivos e formulações curriculares (centrados na lógica das necessidades determinadas pelo mercado), as relações de trabalho (centradas na lógica da intensificação e do produtivismo), a avaliação do sistema e a produção do conhecimento (orientadas pela produtividade). Todas essas estratégias, como pondera Oliveira (2009, p. 14), não passam *"de um truque para a utilização dos fundos públicos em proveito de interesses privados",* perspectiva assumida acintosamente pelo Banco Mundial, que sustenta uma visão fortemente economicista sobre a educação superior. Provavelmente este constitua um dos maiores impasses que assolam a vida da universidade contemporânea.

As perspectivas excludentes que orientam a vida social, responsáveis pelas desigualdades, misérias e discriminações características do mundo globalizado, também assolam a realidade universitária. A capacidade de pôr-se criticamente diante delas explica as distinções que se vão firmando, a cada dia, entre os diferentes tipos de instituições atuantes no segmento do ensino superior de massa.

Entre esses distintos tipos, constituídos em meio aos embates e disputas travadas na sociedade, nosso interesse recai sobre a universidade pública, caracterizada aqui como uma instituição social, assentada em seu caráter público, democrático e autônomo, em conformidade com a compreensão de Chaui (2003, p. 1): *"desde seu surgimento, a universidade pública sempre foi uma instituição social, isto é, uma ação social, uma prática social fundada no reconhecimento público de sua legitimidade e de suas atribuições [...] e inseparável da ideia de democracia e de democratização do saber."* É seu caráter social, público, democrático e autônomo que lhe permite abrigar *"os que são favoráveis e os que são contrários à maneira como a sociedade de classes e o Estado reforçam a divisão e a exclusão sociais, impedem a concretização republicana da instituição universitária e suas possibilidades democráticas"* (ibid.), o que evidentemente joga em nossas mãos a explicitação das escolhas que fazemos.

Assim entendida, a universidade orienta-se na direção de assegurar a livre manifestação do pensamento, de responder às necessidades da sociedade coletiva e melhorar a vida social, de administrar-se de maneira participativa, propiciando vivência democrática aos seus estudantes e aos que nela trabalham. Assume-se, portanto, como órgão da sociedade civil com autonomia em face do Estado e comprometida com o estudo da realidade econômica, social e política e sua transformação. Pratica a crítica do conhecimento existente, ao mesmo tempo que se dedica a discutir e questionar sua própria existência, o que pressupõe indagar continuamente sobre seus rumos e fazeres e exercitar de forma radical o seu papel social.

No entanto, é imperativo reconhecer que a ideia de universidade que acabamos de explicitar vem sendo paulatinamente transformada, tanto no campo conceitual como no campo operativo, possibilitando a existência de diversos tipos de universidade em um sistema de educação superior destinado ao atendimento de massa. Da instituição onde nasciam e se generalizavam as principais contribuições à ciência, à filosofia, às artes e à cultura, que constituía um espaço dedicado ao saber, que detinha o monopólio de produzir os conhecimentos e transmiti-los aos futuros profissionais, que perseguia a ideia de contribuir para a melhora da vida social, infelizmente, resta-nos muito pouco. Ela já não exerce o monopólio da produção e do trabalho com o conhecimento especializado. O conhecimento não só vem sendo produzido também em outras instituições externas à universidade, como também a própria educação superior se desenvolve, em grande medida, fora dela. Mas, mais que isso, seu caráter vem sendo sistematicamente alterado.

Valemo-nos novamente de Chaui (2003, p. 2) para caracterizar outro tipo de universidade, entendida como uma organização social, a qual lança mão de estratégias administrativas centradas em

> *ideias de gestão, planejamento, previsão, controle e êxito. Não lhe compete discutir ou questionar sua própria existência, sua função, seu lugar no interior da luta de classes, pois isso, que para a instituição social universitária é crucial, é, para a organização, um dado de fato. Ela sabe (ou julga saber) por que, para que e onde existe.*

Esse novo modelo organizativo da universidade emergente – denominado por Chaui de "operacional"

– disputa espaço com a universidade compreendida como instituição social. Ele decorre da força com que se processam as alterações no processo produtivo e na acumulação capitalista da sociedade globalizada, sustentadas nos intercâmbios financeiros e de informações e na circulação de bens, serviços e mercadorias, e tem como meta a conexão da universidade com as grandes empresas. Organismos supranacionais como o Banco Mundial e a Organização para a Cooperação e Desenvolvimento Econômico (OCDE) encarregam-se de traduzir esses objetivos na forma de políticas que fazem sucumbir as tradições e os objetivos diferenciados e reorientam a docência, a aprendizagem, a pesquisa e a extensão segundo os interesses hegemônicos. Estimulam também a diminuição do financiamento estatal e o incremento do controle externo sobre a vida da universidade.

Essa idealização reducionista do modelo de universidade atinge a todos os tipos de universidade, na medida em que propõe que ela tenha uma vocação empresarial e seja orientada para o mercado, produza conhecimentos para a acumulação e ignore os compromissos sociais mais amplos, mercantilizando a pesquisa e a docência (ORDORIKA, 2007). As pressões são para que ela busque a produção de conhecimentos capazes de ganhar mercado e gerar recursos. O modelo de gestão sustenta-se na quantificação dos produtos e nas noções de excelência, eficiência e produtividade. A remuneração por mérito ou produtividade faz-se presente por meio de políticas de apoio, incentivo e bolsas. A avaliação individual e institucional sustenta-se em medições dos recursos angariados e do impacto do prestígio alcançado.

O grau de importância das universidades é aferido por meio de *rankings* orientados pelos valores e práticas das instituições hegemônicas, cujos critérios de aferição reproduzem os padrões de dominação, assegurando vantagens às nações ricas e ignorando os compromissos nacionais. Com isso a universidade acentua a sua crise, intensifica a perda de identidade e de legitimidade social, deixa de situar-se como espaço de reflexão social e perde a perspectiva de compreensão aprofundada do universo social, na medida em que centra seus esforços na busca da "excelência" e da "produtividade".

Dessa forma, os parâmetros mercadológicos acabam por destruir a noção de bem público que deveria oferecer sustentáculos à vida econômica e social. A ideia da universidade-negócio é destruidora da ideia de universidade. Nas palavras de Castanho (2000, p. 36):

> [...] *a universidade quer deixar de ser universidade. Seu figurino já não é o de uma instituição pluridisciplinar onde se cultiva o saber pela pesquisa, a formação pelo ensino e o serviço pela extensão. Agora a universidade passa a ser plurimodal, ou seja, como Prometeu, ela assume mil formas, tantas quantas as necessidades do mercado e da integração dos mercados exigirem.*

Estamos diante do que constitui o grande impasse vivido pelas universidades institucionais, uma vez que as políticas para a educação superior e também as políticas institucionais são condicionadas pelos determinantes externos nacionais e internacionais do mundo neoliberal. Ante essas transformações, valemo-nos dos questionamentos formulados por Barnett (2002, p. 170), ao discutir as transformações por que passam as universidades:

> Quais são as implicações decorrentes do fato de que a universidade tenha se convertido em organização e como isso afeta as suas funções características de produção e difusão do conhecimento? Há uma tensão necessária entre a universidade convertida em organização e a capacidade de reconfigurar a si mesma em meio ao ambiente supercomplexo?

E acrescentamos mais um questionamento: como promover a formação de profissionais críticos e analíticos se as universidades adotarem currículos preconcebidos e exigirem que o ensino seja dirigido para o desenvolvimento das chamadas "competências" demandadas pelo mundo da produção?

É crescente a evidência de que a sociedade globalizada vai definindo sua própria compreensão de conhecimento e impondo à universidade as maneiras de produzi-lo e trabalhá-lo na formação de seus futuros quadros. Muitos são os conceitos que orientam as direções estabelecidas para as políticas universitárias: fala-se em competências, capacidades, créditos, aprendizagens baseadas em problemas, em casos advindos do mundo produtivo (ROMAÑA; GROS, 2003). Ou, como afirma Barnett (2001), estamos presenciando verdadeira mudança epistemológica, com o desaparecimento de significativo vocabulário no mundo da formação (que envolve as ideias de compreensão, crítica, interdisciplinaridade, sabedoria), enquanto emerge outro vocabulário, de caráter essencialmente instrumental (centrado nas ideias de habilidades, competências, resultados, capacitação, empreendedorismo, transferibilidade). Em suma, as ideologias neoliberais e os interesses pautados pela lógica do mercado buscam impor a realização de um tipo de ensino sustentado por uma pedagogia que tem como primeiro compromisso educativo tornar-se parceira dos processos produtivos.

Zabalza (2004, p. 25), apoiando-se em Brew, apresenta-nos algumas das críticas, proposições e demandas que passaram a marcar a vida universitária no último quartel do século passado. São elas:

- vida da universidade à margem da sociedade que a rodeia, o que implica sua escassa relação com a atividade econômica da nação;
- crescente ansiedade dos governos por controlar como se gasta o dinheiro público e a introdução de sistemas de avaliação e controle;
- progressiva heterogeneização das instituições e diversificação do conceito de universidade e dos formatos contratuais dos professores;
- maior envolvimento na formação por parte das empresas e dos empregadores;
- progressiva massificação e heterogeneização dos estudantes, que se fez acompanhar de um descenso nos recursos de financiamento, obrigando

as instituições e os professores a dar respostas a novos compromissos sem poder contar com os recursos necessários para fazê-lo;
- notável indiferença para com a formação específica para a docência universitária e pouco cuidado com alguns aspectos importantes para o bom funcionamento dos processos formativos, como coordenação, desenvolvimento de metodologias, avaliação, incorporação de novas tecnologias, novos sistemas organizativos do ensino, formação no trabalho, entre outros;
- internacionalização dos estudos superiores e das expectativas de mobilidade de trabalho;
- crescente precariedade nos financiamentos, com uma insistência maior na busca diversificada de autofinanciamento;
- sistema de gestão que se aproxima cada vez mais ao das grandes empresas.

Essas transformações, decorrentes dos processos de globalização e internacionalização, apresentam à universidade, e também à sociedade, uma situação desafiadora e complexa. Elas podem ser observadas nos locais mais diversos do planeta e afetam dimensões essenciais da vida universitária, especialmente o papel dos seus docentes e estudantes e as condições para o desempenho de suas atividades.

Diante desse quadro, é impossível não concordarmos com Morin (2009) em sua defesa de uma profunda reforma da universidade, que enfoque a essência de suas contradições: a própria reforma do pensamento, hoje marcado pela fragmentação que impede captar o sentido do que está tecido em conjunto, reduz o complexo ao simples, separa o que está ligado, unifica o múltiplo e elimina o que fomenta a contradição. Seus escritos têm apontado para um novo paradigma, por ele denominado "paradigma da complexidade", em que o primordial passa a ser o aprender a contextualizar e globalizar, o que permite saber contextualizar determinado conhecimento num conjunto organizado e religar o que está disjunto. Esse novo referencial de análise e interpretação da realidade, proposto por Morin, visa orientar os discursos e as teorias, fundando-se na conjugação e na implicação mútua e reconhecendo a autonomia, a noção de sujeito e a liberdade. Enquanto paradigma emergente, volta-se contra a neutralidade apregoada pelo paradigma dominante e propõe a intencionalidade. Ciência seria então uma produção humana contextualizada social e historicamente. A produção de conhecimento sustentada então nesse paradigma emergente seria fruto das relações entre universidade e sociedade e teria o objetivo de dar sentido à vida.

Na mesma direção, mas com outros argumentos, Barnett (2002) sustenta que a universidade precisa construir as capacidades necessárias para responder às incertezas radicais e prosperar em meio a elas. Segundo o autor, para que ela responda positivamente às questões suscitadas pela era da supercomplexidade, é preciso que seus líderes cumpram tríplice tarefa. A primeira é propiciar as condições para que o pessoal docente entenda a natureza variada e conflituosa dos desafios que enfrentam como atores acadêmicos, especialmente nas salas de aula, e compreenda que esses desafios só tendem a multiplicar-se, uma vez que a era global e as ações do Estado avaliador são avessas à estabilidade e a instabilidade se acelerará. A segunda tarefa dos líderes institucionais é encontrar formas de animar os docentes para que continuem a enfrentar os desafios, progridam em meio à turbulência da vida acadêmica e desenvolvam motivação para seguir adiante. A terceira é descobrir maneiras de liderar que não suponham uma gestão centralizadora nem a desarticulação característica das leituras pós-modernas. Neste ponto, Barnett fala-nos da necessidade de conceber uma "terceira via" de compromisso participativo, epistemológico e ontológico, na qual diferentes agrupamentos de intelectuais se esforçariam para entender-se e trabalhar o autor, isso permitiria reconstruir a identidade da universidade:

> Em meio às incertezas epistemológicas e ontológicas da supercomplexidade, a intenção de um dirigente de situar a universidade de tal modo que produza o maior efeito possível, tem que ser própria de um epistemólogo e de um ontólogo esse papel não é para os pusilânimes (BARNETT, 2002, p. 149).

Entendemos que as proposições de Morin e de Barnett permitem identificar dois aspectos intimamente relacionados ao que nos propusemos discutir neste trabalho – a formação pedagógica continuada dos professores universitários. O primeiro refere-se às concepções a respeito dos sujeitos e seus fazeres na universidade, com a perspectiva da autonomia e liberdade no trabalho, a noção de sujeito histórico permanentemente em construção, a intencionalidade das práticas sociais, que nos ajudam a fundamentar a concepção de constituição do sujeito professor e de desenvolvimento de suas práticas formadoras na universidade. O segundo refere-se ao papel das lideranças acadêmicas, entendidas aqui como os gestores institucionais, que precisam atentar vivamente tanto para a complexidade que as circunstâncias atuais trazem para o interior das salas de aula quanto para a qualidade das respostas que os professores terão de propiciar ao alunado.

Reafirmar a necessidade de *encontrar formas de animar os docentes para que continuem enfrentando os desafios*, como apregoa Barnett, aponta para a importância de que as universidades cuidem das condições de formação, de carreira e de trabalho de seus docentes como parte do esforço de realização de genuína reforma da universidade, tal como propõe Morin. Disso dependerá a qualidade da formação dos jovens, efetivada por meio do currículo, do ensino e da aprendizagem.

Capítulo II

POR QUE A FORMAÇÃO PEDAGÓGICA DOS PROFESSORES DO ENSINO SUPERIOR?

Por que a formação pedagógica dos professores do ensino superior?

*"Ensinar não é transferir conhecimentos, nem formar é a ação pela qual um sujeito dá forma, estilo ou alma a um corpo indeciso e acomodado.
Não há docência sem discência, as duas se explicam e seus sujeitos, apesar das diferenças que os conotam, não se reduzem a condição de objeto, um do outro.
Quem ensina aprende ao ensinar,
e quem aprende ensina ao aprender."*
Paulo Freire

"Como Platão o disse há muito tempo: para ensinar é preciso o Eros. O Eros não se resume apenas ao desejo de conhecer e transmitir, ou ao mero prazer de ensinar, comunicar ou dar: é também o amor por aquilo que se diz e do que se pensa ser verdadeiro. É o amor que introduz a profissão pedagógica, a verdadeira missão do educador."
Edgard Morin

Sabemos que a docência constitui uma obrigação de todos os professores que trabalham no ensino superior. No caso da maior parte das instituições particulares de ensino, isso está claramente explicitado no contrato empregatício e dos professores nem sequer se espera o exercício de outras atividades acadêmicas como a pesquisa, a extensão ou a gestão. É-lhes negada a possibilidade de trabalhar com a produção do conhecimento, faceta importantíssima da vida profissional dos professores que tradicionalmente atuam nesse nível de ensino.

Mas no caso da universidade, especialmente das públicas, essa questão apresenta-se com outras feições em razão de uma série de fatores. Os concursos de ingresso são claramente para professor, o que evidentemente pressupõe a atividade docente. No entanto ela não é, em muitos casos, o fator que os atrai e os leva a decidir-se por trabalhar nessas instituições. Desse modo, a preocupação com o ensino fica relegada a segundo plano e não raro os docentes buscam liberar-se desse encargo para realizar outras atividades que se mostrem mais atrativas e valorizadas ou menos desgastantes.

Diante desse quadro, é significativo perguntar: quais as razões de tal comportamento? Como é formado o professor do ensino superior? Sua preparação dá conta das múltiplas dimensões implicadas na sua atuação, como as atividades de produção do conhecimento e também as atividades de ensino? Essa questão tem sido considerada em vários países, tanto no âmbito da pesquisa sobre os processos de formação como nas formulações das políticas de ensino superior no que se refere ao ensino e à pesquisa, exigências que caracterizam o exercício da profissão.

No pensamento hegemônico, duas grandes referências constituem a base que fundamenta a docência. Uma é o mundo do trabalho, sustentando a ideia de que "quem sabe fazer sabe ensinar" e ratificando a influência das corporações na definição do modelo de atuação docente e do profissional a ser formado nos distintos campos do conhecimento. A outra é o universo da pesquisa, que predomina como preocupação formativa nos cursos de pós-graduação, o que torna bastante difícil enfrentar a ênfase historicamente dada à dimensão da pesquisa em detrimento do ensino no contexto das atividades docentes universitárias. Essas duas tendências revelam-se responsáveis pelo afastamento radical da formação e da atuação docente do campo da pedagogia, ciência que tem como objeto os fenômenos educativos e, portanto, se preocupa com a problemática da formação humana.

Os processos de "preparação do docente" para o ensino superior, segundo o estabelecido na LDB nº 9.394/1996, são desenvolvidos nos cursos de pós-graduação *stricto sensu*, nos quais, como sabemos, os objetivos centrais são a pesquisa e a produção de conhecimento. Os aspectos relativos à preparação pedagógica para o ensino raramente são parte desses cursos, em que pesem alguns avanços importantes, ainda que insuficientes, como a disposição de alguns cursos de pós-graduação *stricto sensu* de

A LDB nº 9.394/1996, em seu artigo 66, estabelece: "A preparação para o exercício do magistério superior far-se-á em nível de pós-graduação, prioritariamente em programas de mestrado e doutorado." E em seu artigo 52 determina que as instituições de ensino superior tenham "um terço do corpo docente, pelo menos, com titulação acadêmica de mestrado ou doutorado; e um terço do corpo docente em regime de tempo integral".

incluir nos seus currículos a disciplina de Metodologia do Ensino Superior e a criação do estágio de docência, iniciado pela Universidade de São Paulo (USP) em 1992 e instituído pela Coordenação de Aperfeiçoamento de Pessoal de Nível Superior (Capes) como obrigatório a todos os seus bolsistas a partir de 1999.

Na maioria das instituições brasileiras de ensino superior, incluindo as universidades, embora seus professores, ou parte deles, tenham realizado sua formação em cursos de pós-graduação *stricto sensu* e possuam experiência profissional significativa e até mesmo anos de estudos em suas áreas específicas, predomina o desconhecimento científico e até o despreparo para lidar com o processo de ensino-aprendizagem, pelo qual passam a ser responsáveis a partir do instante em que ingressam na sala de aula. O panorama internacional não é diferente, como demonstra literatura específica. Porém, tanto aqui como em outros países tem havido crescente preocupação com a formação e o desenvolvimento profissional de professores do ensino superior e com as inovações no campo da atuação didática.

Pensar princípios e processos formativos para o docente do ensino superior requer levar em conta o contexto e o cenário de sua atuação. Nesse sentido, é importante considerar que o ensino superior brasileiro tem vivido um crescimento bastante significativo. Segundo dados do Censo da Educação Superior de 2007, na década de 1996-2007 foram criadas 1.387 novas escolas de nível superior, o que permitiu grande crescimento das matrículas e fez que 4.880.381 alunos estivessem no ensino superior nesse ano. Porém, é igualmente importante ressaltar que esse crescimento ocorreu majoritariamente na educação superior privada, responsável por 74,6% das matrículas, enquanto as instituições públicas ficaram com 25,4% do total. Segundo Zainko (2009), a abertura assegurada pela LDB permitiu a criação dos centros universitários, o que favoreceu ao sistema privado uma expansão inédita; o fato é que, em 2007, apenas 8% das instituições privadas se configuravam como universidades, enquanto 92% constituíam outros tipos de organizações acadêmicas, caracterizando um sistema de educação superior diversificado, mas não universitário.

Esses dados, bem como o amparo legal oferecido pela LDB, são fundamentais para explicar a diversificação atual dos tipos de instituições que se dedicam à formação, aos estudos ou à pesquisa no nível pós-secundário. Assim, além da universidade, classicamente definida como a responsável pelo desenvolvimento articulado entre ensino, pesquisa e extensão, outras formas de organização do ensino superior são hoje credenciadas pelas instâncias governamentais competentes, ampliando as maneiras de realização do exercício profissional de seus professores. Diante da multiplicidade de perfis institucionais, orientados por objetivos muito variados, tanto as exigências feitas aos professores como os esforços empreendidos com sua formação cobrem um arco bastante amplo de possibilidades.

A atuação do docente do ensino superior configurou-se de acordo com as tradicionais atribuições da própria universidade, onde, como já dissemos, a produção do conhecimento, o ensino e a extensão se revelam elementos indissociáveis e norteadores da efetivação de seu papel social. Sua preparação para a vida acadêmica, como especialista em uma área específica do conhecimento, ocorre normalmente em programas de pós-graduação *stricto sensu*, nos quais o futuro docente desenvolve os conhecimentos teóricos e instrumentais da atividade de pesquisa e consolida as apropriações referentes ao seu campo científico de atuação. Realiza-se nesses programas a preparação profissional voltada para as atividades de pesquisa e de produção do conhecimento, que se complementam com a etapa da divulgação dos resultados em eventos e publicações, conferindo visibilidade e *status* ao pesquisador. Outras atividades, também de grande importância acadêmica, como a orientação de outros pesquisadores ou aquelas voltadas para a aferição da qualidade das pesquisas realizadas pelos pares (por exemplo, bancas ou pareceres), são entendidas como decorrentes das capacidades e conhecimentos do pesquisador. Esse é, em linhas gerais, o quadro já identificado por vários autores a respeito dos processos formativos do docente do ensino superior (BENEDITO; FERRER; FERRERES,

1995; CUNHA, 1998, 2006a, 2006b; LEITE, 1999; VEIGA; CASTANHO, 2000; PIMENTA; ANASTASIOU, 2002; ZABALZA, 2004; ARAÚJO, 2005; entre outros).

Dessas circunstâncias de formação que acabamos de descrever decorre séria evidência, assim sintetizada por Cunha (2006a, p. 258): *"a formação do professor universitário tem sido entendida, por força da tradição e ratificada pela legislação, como atinente quase que exclusivamente aos saberes do conteúdo de ensino"*, o que situa o ensino como uma consequência das demais atividades. Em outras palavras, o que se constata é que o professor universitário não tem uma formação voltada para os processos de ensino-aprendizagem, pelos quais é responsável quando inicia sua vida acadêmica. Os elementos constitutivos de sua atuação docente, como planejamento, organização da aula, metodologias e estratégias didáticas, avaliação, peculiaridades da interação professor-aluno, bem assim seus sentidos pedagógicos inerentes, são-lhe desconhecidos cientificamente.

Para além de tais dificuldades formativas, esse professor enfrenta o desprestígio das ações relativas à docência por conta da prioridade dada às atividades de pesquisa, que passaram a constituir a referência praticamente exclusiva de aferição da chamada produtividade pessoal e institucional, movimento esse de caráter internacional, objetivado nos *rankings* que expõem e qualificam, por meio da quantidade, o trabalho desenvolvido (GIBBS, 2004). Enfrenta também as dificuldades decorrentes das transformações sociais que têm repercussões diretas na sala de aula.

Como então fazer frente aos novos desafios que se apresentam ao trabalho de formação dos estudantes do ensino superior, levando em conta que a atuação dos professores precisa necessariamente resultar da convergência e articulação equilibrada entre os conhecimentos advindos dos campos científico, investigativo e pedagógico? O que constitui o núcleo de conhecimentos e saberes necessários à atuação dos professores desse nível de ensino? Onde e quando desenvolver a formação para que os docentes tenham uma atuação coerente com o que deles se espera no âmbito da formação dos seus alunos? Em outras palavras, em que circunstâncias desenvolver os processos relativos ao "ser professor" e ao "saber ser professor"?

1. A especificidade da formação do professor do ensino superior

As limitações que se impõem à formação do docente do ensino superior acima descritas têm sido identificadas como um dos fatores que dificultam a vida acadêmica dos estudantes, ensejando o reconhecimento de que a qualificação profissional dos professores tem peso determinante na sua atuação e, consequentemente, na qualidade do ensino ministrado. Por isso, ações de formação estão cada dia mais presentes no interior das instituições de ensino superior e nas políticas para esse nível de ensino.

A docência universitária caracteriza-se por ser um conjunto de ações que pressupõe elementos de várias naturezas, o que impõe aos sujeitos por ela responsáveis um rol de demandas, contribuindo para configurá-la como um campo complexo de ação. Vários autores (NÓVOA, 1999; BENEDITO; FERRER; FERRERES, 1995; CUNHA, 1998, 2006a; PIMENTA; ANASTASIOU, 2002; ZABALZA, 2004; entre outros) fornecem-nos elementos para refletir acerca do papel docente, o que nos permite caracterizá-lo segundo três dimensões: a *dimensão profissional*, em que se aninham os elementos definidores da atuação, como a incessante construção da identidade profissional, as bases da formação (inicial ou contínua), as exigências profissionais a serem cumpridas; a *dimensão pessoal*, em que se devem desenvolver as relações de envolvimento e os compromissos com a docência, bem como a compreensão das circunstâncias de realização do trabalho e dos fenômenos que afetam os envolvidos com a profissão e os mecanismos para lidar com eles ao longo da carreira; a *dimensão organizacional*, em que são estabelecidas as condições de organização, viabilização e remuneração do trabalho e os padrões a serem atingidos na atuação profissional.

Evidentemente, os elementos dessas três dimensões entrecruzam-se, sobrepõem-se ou combinam-se das mais variadas formas, sobretudo se levarmos em conta as características e trajetórias pessoais, bem como a multiplicidade de tipos de instituições presentes hoje no segmento do ensino superior. Em meio, então, às inúmeras possibilidades de "construção do docente", parece haver certo consenso entre os estudiosos do tema a respeito da importância da construção da identidade docente como leito onde as demais dimensões e seus vários elementos se articulam. Por isso, tomar a docência na tridimensionalidade apontada significa reconhecer que sua sustentação envolve a construção da identidade do professor, o domínio dos elementos teóricos e contextuais necessários à sua prática e o domínio científico do campo específico.

Em outras palavras, realizar ações de ensino requer conhecimentos específicos que precisam ser desenvolvidos cuidadosa e intencionalmente, o que envolve tratar a docência com especial atenção em relação às demais ações, igualmente implicadas na ação do professor universitário no âmbito da pesquisa e da administração (ZABALZA, 2004). Requer também a atenção aos processos formativos que mobilizem os saberes das teorias educacionais necessários à compreensão da prática docente, capazes de desenvolver os conhecimentos e as habilidades para que os professores avaliem e investiguem a própria atividade e, com base nela, constituam os seus saberes-fazeres docentes, num processo contínuo de construção de novos saberes.

Esses são os motivos que nos mobilizam na busca pelo aprofundamento de compreensões e caminhos que se mostrem favorecedores da apropriação e elaboração de referenciais político-pedagógicos capazes de qualificar a ação de ensino. Fazemos então coro com alguns autores (PIMENTA; ANASTASIOU, 2002; ALMEIDA; PIMENTA, 2009, 2011b; ALARCÃO, 1998; ANASTASIOU, 2000; BENEDITO; FERRER; FERRERES, 1995; MASETTO, 2004; ZABALZA, 2004; FIORENTINI, 1998) ao sustentarmos que o ensino é atividade que requer conhecimentos específicos, consolidados por meio de formação pedagógica voltada especialmente para esse fim, e atualização constante das abordagens dos conteúdos e das novas maneiras didáticas de ensiná-los. Assim, a mediação da prática docente mostra-se indispensável, porém em estreita articulação com a teoria e ancorada na reflexão, enquanto processo que busca atribuir sentido àquilo que se pratica.

A ênfase com que as preocupações se impõem no campo da formação pedagógica do docente relaciona-se fortemente com duas ordens de transformações do mundo contemporâneo, já apontadas: as transformações sociais decorrentes da globalização, responsáveis por reconfigurar os valores e as formas de organização subjacentes à produção e à divulgação do conhecimento, que demandam da universidade, como espaço de produção científica e crítica de conhecimentos, uma formação de profissionais articulada com a velocidade das mudanças; as transformações vividas pela própria universidade, que tornam mais complexo o seu papel formativo. Entre estas, a massificação e diversificação do perfil estudantil (com destaque para a presença de estudantes trabalhadores com pouco tempo para o estudo, aumento do número de mulheres, diversificação das idades e aumento dos adultos com responsabilidades familiares maiores), ampliação dos cursos noturnos, incorporação das novas tecnologias, facilidades de acesso ao conhecimento.

Esse novo contexto esvaziou o sentido da função do professor como transmissor de conhecimentos, característica marcante dos modelos preservados pela memória de aluno que cada professor carrega consigo e que é a fonte de visões de mundo, concepções epistemológicas e experiências didáticas. Cunha (2006b) afirma que, para a maioria dos professores, esses referenciais constituem o suporte para a futura atuação docente e que alterar esse quadro epistemológico requer dos sujeitos a vivência de processos que os ajudem a refletir sobre si e sobre seu percurso formativo criticamente, permitindo-lhes desconstruir a experiência vivida e organizar outras referências para a prática docente.

Para Zabalza (2004), o desafio atual do docente universitário é conseguir estabelecer-se como mediador das aprendizagens dos alunos, uma vez que a multiplicidade de possibilidades de acesso ao conhecimento requer auxílio para sua decodificação, assimilação, aproveitamento e vinculação com a prática profissional, numa dimensão claramente formativa. Podemos dizer então, concordando com o autor, que mediar a relação dos alunos com o conhecimento, respondendo às necessidades específicas do variado perfil discente presente em todas as salas de aula, constitui o núcleo da ação pedagógica dos professores universitários. Acrescentamos, porém, que essa ação pedagógica precisa forçosamente ser compreendida e desenvolvida como um trabalho intelectual, em que se articulam teoria e prática numa perspectiva transformadora tanto dos sujeitos envolvidos como da sociedade.

Portanto, os modelos preservados nas representações dos docentes e a ideia de que ensinar é arte que se aprende com a prática não são suficientes para sustentar as necessidades do ensino universitário. Se entendemos o ensino como uma prática complexa e socialmente contextualizada, pensar os requisitos formativos capazes de subsidiar os que nele atuam profissionalmente envolve transitar por: a) concepções a respeito de si e do próprio papel social que dão sustentação à identidade profissional; b) componentes que integram os processos formativos, como teorias e práticas, conteúdos da área específica de atuação, conhecimentos didático-pedagógicos; c) contextos de formação e de trabalho; d) processos de construção do conhecimento e de desenvolvimento profissional.

Como o nosso objetivo é discutir especialmente a formação pedagógica do professor enquanto profissional do ensino superior, um aspecto importante é localizá-la no campo da formação especializada, que se revela uma dimensão da formação profissional – ou seja, no campo do esforço para preparar e capacitar pessoas para exercerem uma atividade de trabalho, que requer conhecimentos e habilidades específicas. Visto que o campo de trabalho do professor é o ensino, deduz-se que sua formação é então o processo por meio do qual ele aprende a ensinar e a compreender o seu fazer.

Para aclarar mais essa compreensão, valemo-nos da definição de formação de professores, formulada por Marcelo Garcia, como

> o campo de conhecimentos, investigações e de propostas teóricas e práticas que, dentro da Pedagogia e da Didática, estuda os processos mediante os quais os professores – em formação e em exercício – se implicam individualmente ou em equipe, em experiências de aprendizagem através das quais adquirem ou melhoram seus conhecimentos, destrezas e disposições, e que lhes permitem intervir profissionalmente no desenvolvimento do ensino, do currículo e da escola, com o objetivo de melhorar a qualidade da educação que recebem os alunos (MARCELO GARCIA, 1995, p. 183).

Falamos de um processo formativo particular, para o qual importa compreender a ação social específica desempenhada pelos professores: o ensino realizado em contextos sociais historicamente determinados e permeados, portanto, por circunstâncias que exigem compreensões e respostas especiais. Esse processo formativo deverá então assegurar aos profissionais da educação superior compreensões a respeito de quatro importantes dimensões do ensino: a dimensão político-ideológica (papel dos conhecimentos na sociedade e suas relações com o poder), a dimensão ética (relações do conhecimento com a própria condição humana), a dimensão psicopedagógica (relações do conhecimento com os modos de aprender, pensar, sentir, agir) e a dimensão didática (maneiras de organizar e implementar os processos formativos, as relações de ensino-aprendizagem, a construção do conhecimento) (PIMENTA; ANASTASIOU, 2002).

Assim entendido, o processo permanente de formação docente requer a mobilização das compreensões e dos saberes teóricos e práticos capazes de propiciar o desenvolvimento das bases para que os professores compreendam e investiguem sua própria atividade e, a partir dela, constituam os seus saberes, num processo contínuo. Essa perspectiva sobre a formação de professores traz implicações para o exercício da docência nas instituições de ensino superior, pressupondo uma política de formação, de valorização do trabalho com o ensino e de desenvolvimento pessoal e profissional.

Quando a formação continuada se desenvolve como parte do desenvolvimento profissional dos professores, contribui não só para a constituição dos saberes que lhes permitem qualificar as suas maneiras de ensinar, mas também para a configuração da própria profissão docente. Constitui uma maneira de democratizar o acesso aos avanços ocorridos nos campos de atuação dos professores e fortalece-os como sujeitos capazes de discutir, analisar e reconfigurar

> Em nossa tese de doutoramento (ALMEIDA, 1999), explicitamos o conceito de desenvolvimento profissional como articulador de uma relação quadrangular, que envolve a formação continuada do professor, os projetos institucionais, as condições materiais necessárias à realização do trabalho educativo e a interação com gestores, coordenadores, pessoal de apoio, entre outros, o que torna essa inter-relação propiciadora de avanços na constituição do sujeito professor e do desenvolvimento da instituição em que trabalha.

a própria prática. Também propicia e amplia a compreensão das mudanças que os atingem e qualifica-os para responderem ao compromisso social de uma universidade que busque a excelência acadêmica no ensino, na pesquisa e na extensão.

Contextualizar a formação no âmbito do processo de desenvolvimento profissional dos professores decorre do entendimento de que a formação se processa como algo dinâmico, que vai além dos componentes técnicos e operativos normalmente impostos a eles pelas autoridades competentes, alheias à dimensão coletiva do trabalho docente, às situações reais enfrentadas por eles em suas práticas cotidianas e à atuação dos demais gestores envolvidos no trabalho pedagógico. Nessa direção, a formação é compreendida como o conjunto de ações de apoio e de acompanhamento do trabalho que cabe aos professores realizar, com a expectativa de seu crescimento pessoal, de transformação institucional e de melhora dos resultados do trabalho.

Essa contextualização também propicia um caráter mais orgânico às várias etapas formativas vividas pelo professorado, assegurando-lhes um caráter contínuo e, ao mesmo tempo, articulando-as às condições de efetivação do trabalho realizado. É então no bojo do seu desenvolvimento profissional que os professores vivenciam possibilidades de desenvolvimento pessoal (que lhes permitem alcançar satisfação com o trabalho e consigo mesmo e melhorar a autoestima), ampliam seus conhecimentos (da área específica, do ensino, da instituição, da cultura geral, acadêmica e profissional), cultivam a capacidade de intervenção (em aula e na instituição), enriquecem suas experiências (fortalecimento da autonomia, ampliação das relações interpessoais).

O desenvolvimento profissional, entendido então como o processo gradual e ininterrupto no qual o professor progride por meio das descobertas pessoais e coletivas, requer que a formação se articule com os demais aspectos da atuação dos professores – contexto social de atuação, ética, condições materiais e sociais de trabalho, carreira, salário, jornada, avaliação profissional – e permite considerar a docência como uma profissão dinâmica, em constante evolução, favorecendo a gestação de nova cultura profissional (ALMEIDA, 1999). Se, porém, a formação não ocorre articulada com os demais aspectos do desenvolvimento profissional, as novas possibilidades formativas, pensadas para responder ao dinâmico processo de mudanças sociais e educacionais, acabarão apenas por adicionar mais atribuições à sobrecarga imposta aos docentes na atualidade, como bem analisa Nóvoa (1999).

2. Por onde caminhar na formação do professor do ensino superior?

Ao professor que atua no âmbito das universidades têm-se apresentado demandas de naturezas bastante distintas. Do ponto de vista social, ele tem tido de aprender a conviver mais intensamente com os interesses e pensamentos dos alunos, cada dia mais diversos em suas bagagens de conhecimentos, vivência cultural, expectativas de vida, etc. Do ponto de vista institucional, tem sido instado a participar mais ativamente nas definições dos rumos pedagógicos e políticos da universidade, definir recortes adequados no universo de conhecimentos a serem trabalhados nas aulas, elaborar e gerir projetos de trabalho, estabelecer relações interdisciplinares em suas abordagens. Do ponto de vista pessoal, tem sido chamado a, de modo mais intenso, tomar decisões sobre seu próprio percurso formativo e profissional, romper paulatinamente com a cultura de isolamento profissional mediante a ampliação da convivência com colegas em projetos integrados, grupos de pesquisa e instâncias acadêmicas, em momentos de discussões coletivas nos quais se debatem e reivindicam as condições que permitam viabilizar a essência do próprio trabalho.

É por essas razões que defendemos, assim como o fazem autores como Gauthier *et al.* (1998), Imbernón Muñoz (1994), Alarcão (1998) e Pimenta e Anastasiou (2002), a importância de uma "concepção ecológica" da formação docente, que – levando em conta o entorno, o indivíduo, o coletivo, a instituição, a comunidade, as bases implícitas subjacentes, as decisões e atitudes dos professores em um contexto específico (a universidade e a sala de aula) – seja capaz de tornar mais eficiente a atuação deles e os saberes que a sustentam. Ou seja, uma formação que tenha a prática educativa e o ensinar como objeto de análise, que assegure os elementos que permitam aos professores compreender as relações entre a sociedade e os conhecimentos produzidos e os ajude a desenvolver a atitude de pesquisar como forma de aprender.

Essa perspectiva orientadora da formação põe em xeque as concepções amplamente presentes no segmento universitário, com frequência identificadas como "tradicional" e "técnica". A concepção tradicional sustenta que a finalidade do ensino é transmitir os conhecimentos vinculados diretamente ao campo de atuação específico. Portanto, a preparação dos jovens dá-se na direção da reprodução não só das técnicas, mas também dos hábitos, pensamentos e ações, consagrando o que é socialmente estabelecido e valorizado. Para Pimenta e Anastasiou (2002, p. 183), ensinar, segundo esse ponto de vista, *"se identifica com transmitir, de geração a geração, os valores, os modos de pensar, os costumes e as práticas"*, e dele decorre

> o modelo do professor artesão ou tradicional, cuja atividade é vista como artesanal. Portanto, sua formação se dá na prática, à semelhança do aprendiz, que aprende com o mestre, ou seja, aprende fazendo [...], não sendo necessário investir na sua formação e no seu desenvolvimento profissional.

Por sua vez, a concepção técnica baseia-se na separação entre teoria e prática e na transmissão acadêmica de conhecimentos, traduzidas num currículo normativo e disciplinar. No entender de Pérez Gómez, essa perspectiva considera que *"o ensino é uma ciência aplicada e o professor é um técnico que domina as aplicações do conhecimento científico produzido por outros e convertido em regras de atuação"* (1992, p. 402). Imbernón Muñoz complementa, afirmando que ela

> *coloca ênfase em um determinado conceito de competência docente, entendida como processo técnico generalizável, sistemático, rotineiro. [...] A finalidade é formar profissionais eficazes, capazes de aplicar técnicas previamente aprendidas, mais ou menos elaboradas, para resolver situações bem definidas, recorrentes e generalizáveis* (1994, p. 38).

Tal entendimento faz que o foco da formação esteja centrado no que os professores devem saber e fazer, portanto, no modelo normativo baseado na aquisição de conteúdos e destrezas fragmentários.

Ambas as concepções fundamentam uma compreensão de ensino, de professor e de profissão que ainda orienta parte considerável do professorado universitário, dificultando que se veja a profissão e a profissionalidade docente como eixos estruturantes da formação. É essa compreensão que embasa o entendimento do ensino como algo estático e permanente, sustentado por uma didática instrumental, preocupado em assegurar a lógica sequencial do currículo e sem espaço para as características e necessidades dos sujeitos em formação e para as articulações com o contexto em que ela ocorre.

Identificados sinteticamente os elementos do percurso histórico da docência, voltemos então à "concepção ecológica" da formação docente, fundamentada na necessidade de formar um professor capaz de desenvolver uma cultura profissional que lhe assegure a possibilidade de ser, individual e coletivamente, um agente de mudança que dê conta de enfrentar situações problemáticas contextualizadas, em meio às quais ele saiba não só o que fazer e como fazer, mas também por que e para que fazê-lo. Em suma, falamos de um processo formativo sustentado na articulação teoria-prática, no qual o professor cultive a capacidade de olhar para si, para o ensino e para a aprendizagem como uma ação dinâmica, viva, contextualizada e transformadora, ou seja, como uma prática social complexa. A formulação desse entendimento a respeito da formação dos professores apoia-se em importantes contribuições trazidas por uma literatura nacional e internacional que aponta para a interdependência entre as dimensões pessoal, profissional e organizacional na profissão docente, a importância da trajetória pessoal na constituição do professor e o caráter reflexivo pressuposto em sua formação e atuação.

A consolidação desse enfoque teórico sobre o professor e sua formação vem possibilitando o desenvolvimento de uma epistemologia da prática, que apresenta uma perspectiva promissora aos estudos educacionais. Pela capacidade de dar conta das questões aí presentes, a categoria "saber docente" – como aponta Tardif (2002) – tem permitido questionar a visão de que os professores mantêm uma relação com os saberes restrita à função de transmissão dos conhecimentos já constituídos ou que os saberes da prática compõem uma instância de conhecimentos inferiores.

Embora bastante recente, semelhante formulação teórica representa uma contribuição significativa para a conquista da autonomia profissional dos professores na perspectiva da emancipação. Para Contreras (2002, p. 185), *"a autonomia supõe um processo contínuo de descobertas e de transformação das diferenças entre nossa prática cotidiana e as aspirações sociais e educativas de um ensino guiado pelos valores da igualdade, justiça e democracia".*

A "concepção ecológica" de formação mostra-se também favorecedora de nova cultura profissional sustentada na cooperação, na parceria, na troca, no apoio mútuo. A constituição dessa nova cultura, ainda tão distante da que atualmente permeia a identidade profissional, representa importante foco dos esforços daqueles que apostam na dimensão coletiva da profissão docente e da própria universidade.

Falamos aqui da identidade docente compreendida pelo prisma sociológico, a qual, segundo Gimeno Sacristán (1995), é construída, mantida ou modificada na relação estreita que os sujeitos têm com a realidade. Para Pimenta (1997), *"a identidade não é um dado imutável nem externo, que possa ser adquirido, mas é um processo de construção do sujeito historicamente situado"*, e, portanto, o processo de construção da identidade docente decorre dos significados sociais da profissão, da revisão das tradições aí presentes, das relações com a ciência, o conhecimento, os saberes, dos significados que cada professor confere ao seu próprio fazer cotidiano.

Nessa medida, o fato de o ambiente universitário ser marcado pela atuação isolada, atomizada, pelo predomínio da ação individual sobre a coletiva no desenvolvimento do trabalho, tem consequências na constituição da identidade docente. A vivência no interior de uma profissão configurada pelo desprestígio do ensino em relação à pesquisa e pela individualização do fazer docente marca as compreensões que os professores têm sobre seu papel institucional, sua importância social, suas práticas profissionais e sobre si mesmos como pessoas.

Reposicionar os elementos incidentes na constituição da identidade docente requer ações que ajudem os professores a redimensionar sua profissionalidade, algo alcançado à medida que se constituam sujeitos de suas práticas, analistas do contexto em que atuam, participantes de ações coletivas, profissionais capazes de articular os conhecimentos teóricos com as dinâmicas sociais e com as necessidades de aprendizagem dos alunos.

Compreender a formação dos professores como um processo sustentado na capacidade de investigação reflexiva sobre a prática e integrante do seu desenvolvimento profissional favorece um campo novo de interações, que traz transformações não só no âmbito da atuação profissional – que envolve as múltiplas dimensões da vida do professor e dos seus alunos –, mas também no âmbito social. Gimeno Sacristán e Peréz Gómez explicitam esse potencial ao dizerem que

> a realidade é transformada porque esse processo de interações inovadoras requer novas condições sociais, nova distribuição do poder e novos espaços para ir situando os retalhos de nova cultura que emergem da aula. Como todo processo de mudança conduz inevitavelmente a confrontos polêmicos, dentro de uma realidade plural cujo desenlace, ainda que imprevisível, será obviamente uma modificação da realidade (1998, p. 377).

Um movimento de tal envergadura, que propõe uma reconfiguração da formação e da identidade do professor, não se estabelece ou se desenvolve espontaneamente. Requer, portanto, uma intenção metodológica coerente com seus objetivos. Trabalhar na perspectiva da formação de professores centrada na práxis educativa demanda estratégias metodológicas voltadas para os saberes docentes nela produzidos, as quais considerem os professores como sujeitos ativos desse processo. Como toda opção metodológica representa o paradigma de pesquisa subjacente ao ato de pesquisar, expressando a compreensão que se tem do contexto social, dos valores, dos objetivos que a orientam, as opções metodológicas formativas e voltadas para a emancipação intelectual dos envolvidos, como a dinâmica compreensiva, a pesquisa-ação ou a pesquisa colaborativa, apresentam-se como as mais pertinentes aos propósitos aqui explicitados (FRANCO; LISITA, 2004).

Estabelecidos os argumentos que evidenciam as bases teórico-metodológicas de nossa concepção a respeito da formação de professores, delimitamos agora três princípios orientadores da formação, que consideramos essenciais. Um primeiro refere-se à imprescindível articulação entre teoria e prática na formação docente, a fim de superar a tradicional justaposição de uma à outra. Sustentamos que, tanto na formação inicial como na continuada, o conhecimento prático e o conhecimento teórico sejam integrados de maneira que assegurem um entendimento adequado da ação docente.

O segundo princípio afirma a importância da integração entre a dimensão disciplinar e a dimensão pedagógica dos conteúdos que serão ensinados. Os professores precisam ter uma compreensão de seu campo científico diferente da que têm enquanto pesquisadores ou profissionais, o que será assegurado pela compreensão pedagógica e didática do processo de ensino-aprendizagem. É esta compreensão que permitirá ao professor estruturar seu pensamento pedagógico.

O terceiro princípio expressa a ideia de que a formação precisa ser assumida como um *continuum*, que ganha vida na articulação das suas diversas etapas ao longo do desenvolvimento profissional docente, sendo a formação inicial considerada o primeiro passo de um processo que se estenderá ao longo da carreira. Ao mesmo tempo, esse *continuum* de formação precisa estar integrado com os processos de mudanças e inovações educacionais em curso, pois é nele que reside a possibilidade de efetuar as mudanças e melhorar efetivamente o ensino. E se falamos em melhoria do ensino, é preciso articular a formação dos professores e a mudança com o contexto da instituição formadora. Ela é o espaço onde as ações educativas (de alunos e professores) se verificam, onde a cultura profissional é incessantemente construída/reconstruída, onde os professores aprendem, desaprendem e reaprendem continuamente algo sobre suas práticas. Pensar em ações de formação que tenham como objetivo a pesquisa sobre o contexto da atuação docente parece ser uma maneira promissora de desenvolver a pessoa do professor e também a própria instituição, o que torna a pesquisa elemento essencial tanto da formação e do desenvolvimento profissional dos professores quanto do desenvolvimento institucional.

Para fechar as considerações a respeito dos fundamentos da formação de professores, reafirmamos que ela se assenta na compreensão do papel desses profissionais no mundo contemporâneo como responsáveis não só pelas ações realizadas em sala durante a aula, mas também pelo conjunto de decisões que são pressupostos delas, como as opções político-educacionais relativas ao currículo, aos projetos, à disciplina, à articulação entre ensino e pesquisa, à avaliação, etc. Entendemos então que cada vez mais o professor precisa ser um profissional que toma decisões, avalia, seleciona e constrói sua forma de agir e interagir com os estudantes em formação, mediando e problematizando o contato com o mundo do conhecimento e com a realidade social em que se inserirão como profissionais. Ou seja, precisa assumir-se como um intelectual profissional da educação, para o que sua formação pedagógica e didática tem contribuição imprescindível.

3. Pedagogia e didática na atuação docente: possibilidades para o ensinar e o aprender

Os professores são os responsáveis maiores pelo desenvolvimento do ensino de forma intencional e sistemática e, portanto, são também os responsáveis por pôr em ação a dimensão formativa da universidade. Cunha (1998, p. 33) afirma que o professor universitário *"é o agente principal das decisões no campo [...] é [quem] concretiza a definição pedagógica e, na estrutura acadêmica de poder, representa a maior força"*. Exatamente por conta dessa atuação especializada é que ele precisa compreender a complexidade envolvida nos processos formativos, bem como conhecer e dominar o campo de conhecimentos específicos capaz de dar-lhe sustentação para que possa desempenhar profissionalmente, e a contento, as atividades inerentes ao ensino e à aprendizagem.

Antes de avançarmos nos conceitos capazes de sustentar os conteúdos e as perspectivas da formação do professor, consideramos importante contextualizar e conceituar o que entendemos por formação, já que o objetivo maior da atuação docente no ensino superior é formar futuros profissionais. A amplitude desse conceito, seus múltiplos significados e dimensões (fala-se hoje em formação do consumidor, formação para a cidadania, formação de pais, formação sexual, etc.) acabam, muitas vezes, por desvirtuá-lo. Mesmo se reduzirmos a abrangência do foco, centrando-nos no campo educacional, o referido conceito aparece muitas vezes carregado de equívocos, como *slogan* de agências interessadas no comércio de certificados ou como elemento que possa assegurar a chancela de "politicamente correta" a algumas atuações institucionais e governamentais, por exemplo.

Buscando pontuar algumas referências para essa delimitação conceitual, tomamos como ponto de partida as balizas firmadas por Marcelo Garcia (1995). Diz o autor que, potencialmente, formação se refere a ações voltadas para a aquisição de saberes – saber-fazer e saber-ser –, em geral se associando ao preparo para o exercício de alguma atividade. Igualmente importante é reconhecer que a formação está também associada ao desenvolvimento pessoal, ao esforço de autodesenvolvimento, de trabalho sobre si mesmo com o emprego dos mais variados meios, evidenciando um componente pessoal, fruto da combinação entre amadurecimento, possibilidade de aprendizagens e experiências vividas, em estreita articulação com o mundo social. É então o sujeito histórico e social o articulador das suas finalidades, metas e valores. É ele também o responsável último pela ação de formar-se, ou seja, pela capacidade e pela vontade de formar-se. Para Zabalza (2004), a formação vincula-se, em síntese, com o crescimento e a melhora das pessoas, com o processo de construir-se a si mesmo. É possível então afirmar que a formação pode adotar diversas perspectivas, de acordo com o ponto de vista que a orienta ou com o sujeito que a põe em ação, e que ela resulta tanto dos conteúdos presentes no processo formativo quanto das maneiras pelas quais esse processo é produzido.

Caminhamos, então, nessa tentativa de delimitação conceitual, rumo ao entendimento da formação como um processo que pressupõe crescimento pessoal, cultural e profissional, não na perspectiva de uma construção apenas técnica, mas sim de desenvolvimento crítico e reflexivo, uma vez que o sujeito tem de contribuir ao processo de sua própria formação com base nos conhecimentos, representações e experiências que já possui. Estamos então diante do que Marcelo Garcia (1995) define como a capacidade de transformar em experiência significativa os acontecimentos cotidianos vividos, no horizonte de um projeto pessoal e coletivo.

Outro juízo que nos ajuda nesta reflexão é formulado por Chaui (2003, p. 12), para quem a formação é, antes de mais nada, uma relação com o tempo e, portanto, significa

> *introduzir alguém ao passado de sua cultura (no sentido antropológico do termo, isto é, como ordem simbólica ou de relação com o ausente), é despertar alguém para as questões que esse passado engendra para o presente, e é estimular a passagem do instituído ao instituinte. [...] Podemos dizer que há formação quando há obra de pensamento e que há obra de pensamento quando o presente é apreendido como aquilo que exige de nós o trabalho da interrogação, da reflexão e da crítica, de tal maneira que consigamos elevar ao plano do conceito o que foi experimentado como questão, pergunta, problema, dificuldade.*

Chaui explicita a dimensão histórica e cultural da formação, o que ressalta o inerente compromisso social sempre presente nos processos formativos. Falamos então da formação como meio para o desenvolvimento humano, para a inserção do sujeito no processo civilizatório, o que pressupõe o acesso aos possíveis modos de conhecer, obtido com o apoio das teorias, do conhecimento elaborado, da experiência, das emoções, do olhar, da sensibilidade, da cognição, do afeto (PIMENTA; ANASTASIOU, 2002), tarefa em que o professor, como responsável pelo ensino, tem importância primordial.

Quando pensada como eixo estruturante do ensino superior, a compreensão da formação como espaço emancipatório e transformador precisa encontrar tradução clara na atuação dos professores. No entanto, ao contrário da pesquisa, na qual se reconhece a importância e o valor da formação como caminho para alcançar o domínio de seus fundamentos teóricos, códigos e procedimentos, o ensino muitas vezes é compreendido apenas como uma dimensão técnica do fazer do professor, algo que se aprende com base na prática e pode ser alimentado apenas pelo conhecimento dos conteúdos da área específica, pelas experiências vividas como aluno. Nessa concepção, o ensino sustenta-se numa perspectiva de neutralidade científica, necessitando, para a sua realização, do domínio de um conjunto de procedimentos voltados à instrução.

Como superar a atuação meramente instrumental no ensino universitário? Como avançar na direção de uma formação que priorize uma perspectiva humanizadora, emancipatória e solidária? Como viabilizar processos formativos focados no desenvolvimento das capacidades para lidar com os conhecimentos, os contextos, os problemas e os sujeitos concretos envolvidos, numa perspectiva ético-política?

Morin (2009), nas considerações contidas na epígrafe deste capítulo, fala-nos da relação dos professores com uma *profissão pedagógica*, que entendemos ser portadora das contribuições do campo da pedagogia (como ciência da educação) e da didática (como teoria do ensino). Aí reside, a nosso ver, o que talvez seja grande dificuldade de parte significativa dos professores universitários: admitir e reconhecer que o ato de ensinar tem uma dimensão pedagógica e didática que requer atenção, cuidado, estudo.

As causas dessa recusa – ou resistência – têm relação com características da docência universitária, já apontadas anteriormente: ter suas bases assentadas nas práticas profissionais específicas realizadas em outros espaços sociais; acreditar na concepção de neutralidade científica como elemento de sustentação das práticas de grande parte dos docentes e pesquisadores; ser fortemente influenciada pela herança do paradigma hegemônico presente nas ciências exatas e da natureza, segundo o qual os conteúdos específicos têm papel dominante na transmissão dos conhecimentos sobre os conteúdos de natureza humanizadora e, portanto, pedagógica. Mas, para além desses fatores, há que considerar o peso que os problemas vividos no desenvolvimento histórico da pedagogia e da didática têm nessa reação.

No caso da pedagogia, Cunha (2006b) considera que ela se constituiu um campo de conhecimento tendo como centro a criança, desenvolveu-se longe do espaço universitário, caracterizou-se como campo de atuação sobretudo feminino e alcançou tardiamente a legitimação científica enquanto campo de conhecimento, sendo por muito tempo espaço de aplicação das demais ciências sociais. Franco (2010), ao discutir as circunstâncias da educação atual, enfatiza o risco – decorrente das políticas educacionais – de perpetuação do caráter tecnicista orientador da formação e atuação docente, com o consequente desinteresse pelas perspectivas pedagógicas da docência. As características da docência universitária, as polêmicas a respeito do estatuto de cientificidade da pedagogia e as dificuldades e fragilidades epistemológicas desse campo de conhecimento constituem complicadores adicionais aos esforços para buscar na pedagogia as referências teóricas capazes de respaldar o ensino universitário.

No campo da didática, o cenário não difere muito, embora ela goze de maior aceitação e esteja presente em grande parte dos processos de formação inicial ou contínua dos professores do ensino universitário. Somos herdeiros de uma visão – ainda predominante em boa parte das políticas educacionais, das instituições de ensino e de seus profissionais –, assentada em forte tradição tecnicista, segundo a qual esse campo de conhecimento deve disponibilizar aos docentes as orientações práticas e os recursos adequados para o enfrentamento das dificuldades presentes no cotidiano do ensino. A didática, assim entendida, encontra seus fundamentos na lógica das "receitas" que amparam as práticas pedagógicas conservadoras e ajuda a justificar os insucessos na aprendizagem como decorrências das dificuldades e deficiências individuais. Nessa perspectiva, ela configura-se como campo de desenvolvimento de novas técnicas, longe, portanto, de preocupar-se com os fins do ensino e as maneiras de realizá-lo. Configura-se desconectada da pedagogia e perde a direção de sentido necessária à formação humanizadora. Atem-se ao "como fazer" na sala de aula, perdendo a possibilidade de orientar intencionalmente as ações docentes. Ou seja, fica reduzida ao papel de produzir contribuições aos modos de operacionalizar o ensino.

É sabido que os docentes transitam sem maiores problemas pelos conhecimentos disciplinares das áreas que ensinam, pois afinal aí reside sua origem formativa, sua especialidade. As dificuldades aparecem quando entram em cena os alunos reais, com sua diversidade de conhecimentos e necessidades específicas no processo de aprendizagem. São essas dificuldades reais que justificam a necessidade de progredir na formulação de postulados pedagógicos e didáticos capazes de acrescer fundamentos às práticas docentes, movimento que é ao mesmo tempo constituinte do esforço para a reconfiguração, aprofundamento e avanço dos campos da pedagogia e da didática voltadas para o ensino universitário.

Zabalza (2004) fala-nos da importância da reprofissionalização – segundo nosso entendimento, de natureza pedagógica e didática – desses professores como meio de assegurar que os alunos efetivamente aprendam e constituam pessoas e profissionais competentes e críticos:

> *Não é suficiente dominar os conteúdos. Nem é suficiente ser um bom pesquisador em seu campo. A profissionalidade docente tem a ver com alunos e com como podemos atuar para que eles aprendam efetivamente o que pretendemos ensinar-lhes. [...] A dimensão "educadora" da atividade profissional docente não combina com o mero preparo científico. Requer [...] que [o professor] esteja em condições de estimular o desenvolvimento e a maturidade*

de seus estudantes, de torná-los pessoas mais cultas e mais completas do ponto de vista pessoal e social (ZABALZA, 2004, p. 114-115).

A ação de ensino – enquanto emancipadora e propiciadora do ato de aprender – não pode ser entendida apenas segundo a dimensão organizativa e operacional das atividades realizadas com o apoio de uma didática instrumentalizada, pois isso acaba por conduzir o professor a uma perspectiva acrítica e conservadora. Suas ações têm uma dimensão pedagógica implícita, que precisa ser compreendida e ressaltada se a expectativa é o desenvolvimento de uma prática formativa crítica e transformadora; ou seja, a dimensão pedagógica do processo de ensino-aprendizagem precisa sair da invisibilidade e ganhar força como sustentáculo da prática docente.

Então, de qual pedagogia falamos no âmbito do ensino universitário? Franco (2010) ajuda-nos a caminhar pelo território da pedagogia, constituído por inúmeros pontos de tensão que se articulam como um cabo de fios desencapados e se manifestam por meio de *"divergências muito expressivas entre educadores brasileiros, quer na análise de sua cientificidade e de seu estatuto como ciência da educação, quer na sua identidade epistemológica".* Em meio a essas distintas concepções em disputa, assumimos aqui, com o apoio de Pimenta (1994, 1997), Libâneo (1994, 1998) e Franco (2008, 2010), o entendimento da pedagogia como ciência da educação, ou seja, como um campo de conhecimentos centrado na problemática da formação humana. Ela preocupa-se, portanto, em sustentar a análise das práticas educativas, subsidiar teoricamente o trabalho pedagógico e favorecer as condições para a transformação dele e a dos sujeitos envolvidos, ou seja, a ação de educar. Nessa medida, é-lhe pertinente indagar a respeito dos processos educacionais, debatendo suas finalidades, suas estratégias, seus modos de constituir práticas socialmente contextualizadas, e também propiciar elementos teórico--práticos potencialmente transformadores dessas mesmas práticas. A articulação teoria-prática apresenta-se então como dimensão essencial da ciência pedagógica.

Com base nessas referências teórico-políticas, consideramos apropriado pensar na possibilidade fertilizadora desses atributos no campo do ensino superior, entendendo o que chamamos de *pedagogia universitária* como o conjunto de concepções de natureza pedagógica, psicológica, filosófica, política, ética e epistemológica que articulam a prática educativa e sustentam as conexões entre universidade e sociedade. Ela oferece o referencial teórico capaz de subsidiar as provocações consistentes que o trabalho educativo requer como meio para sua permanente transformação e alimenta o exercício de uma docência comprometida, intencionada e ética.

O acesso dos professores universitários aos referenciais capazes de fundamentar pedagogicamente suas ações educativas é propiciador das condições para a realização do ensino assentado no exercício da crítica e da autocrítica. É também favorecedor de compreensões mais amplas e articuladas das dimensões epistemológicas e metodológicas da própria prática. E permite ainda conferir sentido ao trabalho realizado em vista da formação de consciências, da mediação de interesses e da defesa incondicional da democracia, da participação, da inclusão (FRANCO, 2008). Dessas orientações derivam os saberes pedagógicos que dão conta de explicitar as finalidades da ação educativa, as quais, segundo Libâneo (1998), implicam o estabelecimento dos objetivos sociopolíticos com base nos quais se definem as formas organizativas e metodológicas orientadoras das práticas educativas. Assim, o processo de ensino-aprendizagem, ao ser por elas fundamentado, pode ser compreendido

> como parte de um espaço complexo e multidimensional, em que se entrecruzam múltiplas influências, interesses, expectativas, perspectivas e "jogos" de poder, que ultrapassam as relações institucionais, imbricadas que estão na esfera macrossocial. Referimo-nos a uma pedagogia em que o ensinar e o aprender ganham a dimensão formativa que merecem, apoiando-se em princípios e valores norteadores – do que, por que, para que e como ensinar e aprender (BISSOLI, 2010, p. 37).

Qual é então o sentido da formação universitária, atributo da prática social dos professores universitários? Essa é uma indagação de matiz filosófico-ético-político-educacional que todos necessitamos fazer-nos em primeiro lugar e frequentemente. Acreditamos que, nesse âmbito de ensino, a formação se dedica ao preparo de profissionais que atuarão em campos específicos do conhecimento e da prática social. No entanto, é importante ressaltar que ela não se reduz à profissionalização de pessoas, ao preparo para o mundo do trabalho, do mercado, da busca de sucesso. Como esclarece Coêlho (2008, p. 6), não podemos perder de vista que o sentido da universidade como instituição social – sentido que constitui a referência orientadora do ofício que nela exercemos – *"consiste no trabalho intelectual rigoroso, voltado para o equacionamento dos problemas postos pela manifestação da cultura como saber racional"*. É esse papel maior que orienta a atuação do professor, e para dar-lhe vida ele tem, necessariamente, de aprender, ensinar, problematizar, discutir, criar. Nessa medida, na universidade ele *"trabalha para constituir como realidade viva e interrogante o ensino, a instrução, a educação, a cultura, a teoria, o método, e para formar os estudantes nessa e por essa con-vivência com o saber, a cultura, a formação"* (COÊLHO, 2008, p. 22). Para reforçar a ideia desse autor, recuperamos aqui a concepção de Chaui (2003), segundo a qual a formação significa, antes de tudo, a inserção dos sujeitos na cultura socialmente acumulada, de modo que possa fertilizar as relações reflexivas e críticas com o presente.

A docência, entendida como uma prática complexa, requer leituras culturais, políticas e pedagógicas a respeito dos objetos de ensino, dos contextos e dos sujeitos envolvidos. Ao contrário do que comumente se pensa no ambiente acadêmico, a ação de ensinar é portadora de desafios e requer respostas possivelmente mais complexas do que o universo da pesquisa. Dessa complexidade deriva o entendimento de que o trabalho docente precisa ser desenvolvido com muito cuidado e fundamento, pois ele é, em sua essência, o lugar da formação de pessoas, que também são profissionais. Portanto, mais do que respostas atomizadas aos encaminhamentos demandados pela prática, o que importa numa perspectiva pedagógica que embase essa ação formadora são as articulações desses elementos numa direção de sentido, que busque a ampliação e a contextualização dos conhecimentos, saberes e experiências dos sujeitos envolvidos na ação de ensinar e aprender – os professores e os alunos.

Segundo Franco (2010, p. 88), *"se a pedagogia é concebida como ciência da e para a práxis educativa, ela pode produzir conhecimentos que fundamentam tal prática, delineados a partir dos saberes pedagógicos, construídos pelos docentes"*. É exatamente esse caráter que permite reafirmar a importância da pedagogia universitária como elemento constituinte da formação dos professores do ensino superior, seja em espaços abertos nos cursos de mestrado e doutorado – o que pode então ser considerado como a formação primeira para a vida acadêmica –, seja em espaços organizados em programas ou ações de formação continuada. Ela constitui uma contribuição fundamental para a qualidade da formação realizada nesse nível de ensino. Nas palavras de Zabalza (2004, p. 153-154), *"uma boa formação sobre os processos de ensino-aprendizagem servirá para iluminar e dar sentido a ação docente dos professores, contribuindo assim para a sua melhora,* [o que faz com que] *a Pedagogia Universitária tenha um importante papel no âmbito da formação".*

Explicitamos a compreensão da pedagogia como a ciência da educação e buscamos firmar agora, novamente com o apoio de Pimenta (1994, 1997), Libâneo (1994, 1998) e Franco (2008, 2010), a compreensão da didática como campo de estudo e de investigação sobre o ensino, o que a situa como uma área específica no âmbito da pedagogia, tendo por objeto o ensino enquanto prática social destinada a promover a relação dos alunos com os conhecimentos. Sua intencionalidade é a realização, pelos professores, da reflexão e da análise crítica e transformadora sobre as próprias práticas de ensino. Como afirma Faria (2011), é a didática que possibilita a compreensão das relações entre escola/universidade e sociedade, para que se possa alcançar o significado da função social e política daquelas instituições e fazer a crítica à concepção da neutralidade científica e às condições de trabalho do professor.

As proposições da didática evidenciam potente compreensão e firme compromisso tanto para avançar no tratamento científico das questões educacionais quanto para sua dimensão ético-política.

Trata-se de pôr a educação a serviço da transformação social.

A aceitação da presença da didática no ensino universitário é bem mais frequente do que a da pedagogia, discutida há pouco. No entanto, essa aceitação decorre do conforto proporcionado aos professores pelo entendimento da didática apenas como um conjunto de procedimentos e técnicas de ensino, destinado a assegurar a eficiência na aprendizagem e o controle sobre seu processo. Essa concepção sustenta-se na noção de neutralidade científica e pedagógica do ensino, o que favorece seu caráter prescritivo e instrumentalizador, bem assim a sua naturalização como prática social, na medida em que não interroga a sua intencionalidade.

Há cerca de quatro décadas essas concepções vêm sendo intrinsecamente questionadas, dando lugar a uma compreensão socialmente contextualizada do ensino, a qual Pimenta e Anastasiou (2002, p. 48) explicitam pela seguinte afirmação:

> O ensino, fenômeno complexo, enquanto prática social realizada por seres humanos com seres humanos, é modificado pela ação e relação desses sujeitos – professores e alunos – historicamente situados, que são, por sua vez, modificados nesse processo. Então nos parece mais interessante compreender o fenômeno do ensino como uma situação em movimento e diversa conforme os sujeitos, os lugares e os contextos onde ocorre. Nessa perspectiva, não é possível dissecá-lo, para identificar suas regularidades, e com base nisso pretender a criação de regras, de técnicas e de modos únicos de operá-lo.

Nessa medida, a didática tem buscado fundamentar percepções e intervenções mais complexas no âmbito do ensino, que levem em conta: a) a multidimensionalidade do processo de ensino-aprendizagem, a fim de articular as dimensões humana, técnica e sociopolítica da educação; b) a análise da problemática educacional concreta presente na instituição formadora; c) a contextualização da prática pedagógica por meio das relações entre ensino, educação e sociedade; a explicitação e análise dos pressupostos das distintas abordagens do ensino; d) as reflexões sobre as experiências concretas, a fim de produzir conhecimento sobre elas; e) a relação entre teoria e prática, como meio de fazer avançar as condições sociais (CANDAU, 1984).

Pimenta et al. (2010).

Em texto recente, coletivamente produzido, sustentamos que

> nas práticas docentes estão contidos elementos extremamente importantes, tais como a problematização, a intencionalidade para encontrar soluções, o alargamento de visão, a experimentação metodológica, o enfrentamento de situações de ensino complexas, as tentativas mais radicais, mais ricas e mais sugestivas de uma didática inovadora.

Sem negar sua dimensão técnica e organizadora dos procedimentos de ensino, entendemos que a didática ampliou seu raio de atenção, abarcando as dimensões epistemológica e político-ideológica pressupostas nas ações de ensino. Nessa perspectiva teórica, a didática encontra-se com a pedagogia, enquanto produtora da teoria pedagógica, para produzir os conhecimentos e orientações necessárias ao trabalho docente (FRANCO, 2010).

Com essas considerações, procuramos fundamentar a importância tanto da dimensão pedagógica, como propiciadora dos horizontes que balizam as atividades formadoras na universidade, quanto da didática, como orientadora e organizadora das atividades de ensino. Queremos, porém, fazer aqui importante observação sobre as circunstâncias e condições de trabalho dos professores do ensino superior. Na maior parte dos casos, eles são contratados apenas para dar aula, dificilmente têm condições de empreender pesquisas e não contam com espaços de participação e interferência nos caminhos da instituição ou na definição dos rumos pedagógicos do próprio trabalho. Trabalham com elevado número de alunos por sala, sem apoio pedagógico às suas ações, não tomam decisões sobre seu processo formativo nem participam de projetos coletivos com seus pares. Diante desse quadro, é fundamental reafirmarmos que o número de alunos em sala, as condições da jornada de trabalho e da carreira, o valor da remuneração, as possibilidades de formação continuada, entre outros tantos fatores, incidem diretamente nas possíveis maneiras de desenvolver o ensino. Reafirmar as atuais circunstâncias e reivindicar adequadas condições de trabalho é essencial para que não se caia no campo do voluntarismo e se julgue que somente a atuação do professor poderá solucionar os gargalos presentes no ensino superior. Tê-las em conta é também o antídoto contra as atitudes que acabam por responsabilizar individualmente os professores pelos insucessos na aprendizagem e pelos consequentes índices de evasão.

Isso posto, nosso esforço centra-se agora em derivar do quadro teórico delineado alguns desdobramentos que indicam possibilidades para as ações docentes, não a fim de criar modelos, exemplos ou regras, mas de ampliar a compreensão das demandas que a atividade de ensinar produz. Zabalza (2004, p. 112) ajuda-nos nessa empresa quando aponta quatro características do fazer docente competente que explicitam o âmbito prático desses pressupostos. São elas:

– *alto nível de competência em sua matéria;*
– *habilidades comunicativas (boa organização dos conteúdos, clareza na exposição oral e escrita, materiais bem construídos, etc.);*
– *envolvimento e compromisso com a aprendizagem dos estudantes: buscar como facilitá-la, estimular seu interesse, oferecer-lhes oportunidades que propiciem alcançar êxito, motivá-los para o estudo, etc.;*
– *interesse e preocupação com os estudantes a nível individual: proximidade, atitude positiva, reforço, etc.*

Essas características do que podemos denominar profissionalidade docente ganham vida no campo da prática quando o professor assume a importância de reconhecer o perfil de seus alunos; identificar seus conhecimentos prévios, interesses e necessidades; saber como motivá-los; adequar os conteúdos formativos às suas demandas; distinguir as estratégias e recursos mais eficientes para a aprendizagem; saber avaliar se os objetivos do ensino foram alcançados – entre tantos outros requisitos para a boa docência. Evidencia-se assim que apenas o domínio dos conteúdos específicos ou a alta capacidade investigativa não são suficientes. Ter em conta os alunos em sua heterogeneidade pessoal e cultural, aproximar-se deles, desenvolver uma interação positiva, saber como desdobrar as próprias ações e as dos alunos na direção não só da apropriação dos conteúdos, mas também da formação ampla dos sujeitos envolvidos, é o grande desafio.

Também é parte da dimensão pedagógica e didática do trabalho docente atentar para que a organização do processo de ensino-aprendizagem seja realizada em múltiplas direções, de maneira que possibilite relações do tipo professor-aluno, aluno-professor, aluno consigo mesmo, aluno-aluno. A mudança das diretrizes tradicionais do ensino – nas quais predomina a relação professor-aluno –, mediante intervenções de caráter didático-pedagógico capazes de ajudar os estudantes no seu trabalho pessoal em situações coletivas e individualizadas de ensino, favorecerá a articulação da aprendizagem com a formação dos sujeitos envolvidos.

Outro aspecto da dimensão educadora que ancora o trabalho docente é a atenção que precisa ser dada a aspectos aparentemente bastante simples no contexto da formação dos alunos, como "ler", "escrever" e "estudar". Esses conceitos, interpretados pelo senso comum como aprendizagens que se realizam na escola básica, são, no entanto, em grande parte das vezes, trabalhados de maneira um tanto simplista nesse nível de ensino. No ambiente acadêmico, são tomados como aprendidos *a priori;* portanto, tratados como algo com o qual não se deve ocupar tempo nem despender esforços. Porém isso está bem longe da realidade, e, para alcançar a essência da formação universitária, que precisa ter caráter crítico, rigoroso e criativo, espera-se que os professores sejam capazes de propiciar aos estudantes compreensões e apropriações aprofundadas dos seus significados.

A leitura é condição primeira para o desenvolvimento do estudo. Caminhar na direção de transcender a decifração de sons e sinais gráficos, buscar suas articulações com objetos e situações e apreender os significados e sentidos das ideias, conceitos, argumentos, teorias e métodos depende de incansável movimento de orientação e de proposições até alcançar o sentido intrínseco do que é lido. A capacidade de leitura é requisito para o domínio da escrita e para o estudo. A escrita, por sua vez, é conteúdo imprescindível em si mesmo e é, ao mesmo tempo, considerada indispensável na aprendizagem de outros conhecimentos acadêmicos. Portanto, contribuir para que os estudantes desenvolvam o domínio da escrita adquire relevância ao promover uma forma de expressão esperada de todos os que tenham formação em nível superior, cujo domínio constitui forte indicador de êxito ou fracasso na aprendizagem universitária. Igualmente importante é ajudar os jovens a entender que estudar envolve intenso trabalho interior com textos, questões, exercícios e experiências, os quais reconfiguram suas compreensões e apropriações. Isso requer concentração, recolhimento, tempo, orientação e inúmeras oportunidades de pôr essas compreensões e apropriações em prática, as quais, aliás, precisam ser avaliadas e reorientadas.

Outras aptidões exigidas dos estudantes referem-se: ao domínio de habilidades para o controle do tempo requerido pelas atividades acadêmicas; ao desenvolvimento da capacidade de concentração e pensamento como via de aperfeiçoamento das tão essenciais habilidades de repetir e memorizar; à aplicação necessária ao estudo e às demais atividades pertinentes à vida estudantil; à possibilidade de identificar e superar rapidamente as dificuldades presentes na aprendizagem, que podem comprometer o que virá a seguir. Apreender o sentido da experiência universitária envolve, como bem o demonstra Belletati (2011), o domínio de um conjunto de habilidades cognitivas, procedimentos e hábitos acadêmicos, cujas construções se desenvolvem mais rapidamente e de maneira mais eficaz se o professor estiver atento e perceptivo às necessidades dos seus alunos, que nem sempre conseguem manifestar suas carências ou até mesmo sofrimento diante de demandas impossíveis de ser espontaneamente respondidas.

Essas são dimensões essenciais da constituição do sujeito e elementos basilares das potencialidades que permitirão aos alunos alcançar o desenvolvimento mais profundo da aprendizagem, o que é potencialmente favorecedor da formação crítica e do conhecimento técnico, científico e político (BIGGS, 2006). Ensinar como estudar, como aprender, como questionar, como organizar-se são também atribuições do trabalho docente.

Para além desses aspectos relativos à constituição do sujeito, há outros tantos igualmente importantes na organização e no desenvolvimento didático-pedagógico do trabalho docente, por exemplo: a construção do conhecimento enquanto fenômeno social; a problematização e análise das distintas teorias que lhe são subjacentes e os tipos de práticas que fundamentam; as articulações teoria-prática, conteúdo-forma, intencionalidades-objetivos como estruturadoras dos processos formativos; as abordagens multi, inter e transdisciplinares do conhecimento, a fim de proporcionar condições para os diálogos necessários às compreensões mais alargadas e contextualizadas dos campos de formação e atuação; a indissociabilidade entre ensino, pesquisa e extensão como referência para a prática social dos estudantes. Nesse sentido, os fundamentos pedagógicos e didáticos articulam-se como pano de fundo para a gestão das relações dos sujeitos envolvidos no processo de ensino-aprendizagem com os conhecimentos em estudo e com a sociedade.

É, então, à luz dessas referências teóricas que dão sustentação à ideia de pedagogia universitária que analisamos as experiências de formação continuada levadas a efeito por cinco universidades com o objetivo de proporcionar-lhes apoio pedagógico e desenvolvimento profissional.

Capítulo III

Experiências de Formação e Profissionalização de Professores Universitários

Experiências de formação e profissionalização de professores universitários

"Mapear as alternativas de formação do professor universitário, especialmente as que acontecem dentro dos espaços formais, é um importante desafio para o campo da pedagogia universitária. [...] É preciso reconhecer as motivações, formatos e significados das diferentes modalidades de formação; estabelecer relações entre as experiências desenvolvidas e as motivações políticas e institucionais que as produzem; mapear as bases epistemológicas que sustentam as diferentes experiências e sua relação com a pesquisa no campo da educação superior e reconhecer o impacto dos esforços de formação na qualidade da educação superior."
Maria Isabel da Cunha

As ações tradicionalmente voltadas a fornecer apoio e subsídios à atuação dos docentes universitários cobrem vasto leque de possibilidades, nas quais têm lugar seminários, palestras, cursos de curta duração, oficinas, publicação de livros e materiais de apoio, entre outras tantas. Em que pese a importância dessas ações e as contribuições que agregam às práticas docentes, elas são marcadas pelo caráter episódico, centram-se no professor e nas suas práticas de maneira individual e não dão conta de propiciar o aprofundamento dos conhecimentos e da reflexão específicos da docência, limitando-se a fomentar práticas formativas de caráter mais instrumental e técnico. Tais características acabam por deixar exclusivamente a cargo dos professores as transformações no âmbito de suas ações de ensino, desresponsabilizando as instituições no que toca às mudanças na infraestrutura, nas condições de trabalho e na formação.

Esse quadro vem-se modificando sensivelmente nas últimas décadas, sobretudo em países europeus e nos EUA. Entre nós, embora ainda não sejam frequentes as iniciativas institucionais no campo da formação docente, quer no âmbito da universidade, das suas unidades e departamentos, quer nas demais instituições de ensino superior, algumas experiências de formação continuada, ancoradas em redirecionamentos políticos, vêm sendo realizadas com base na compreensão de que a formação tem importância para o desenvolvimento da profissionalidade docente e constitui fator de qualidade do ensino ministrado.

Passar do âmbito das transformações individuais para o das mudanças institucionais representa uma alteração de paradigma no desenvolvimento das políticas universitárias. Vários fatores contribuem para isso, muitos dos quais já apontados anteriormente, e destacamos aqui os principais:

- aumento do número de estudantes e da diversidade de seu perfil, o que gera maior necessidade de espaços para as atividades e maior diversificação nas estratégias organizacionais do ensino e nas aulas;
- transformação das políticas governamentais para o ensino superior, as quais passaram a considerá-lo como essencial, no plano da formação profissional, para o atendimento das demandas da expansão econômica e das transformações sociais;
- crescimento da presença das tecnologias, tanto no segmento da produção como no da formação e na vida pessoal;
- mensuração da produção científica feita por meio de índices quantitativos, pactuados internacionalmente e centrados na avaliação de impacto, o que desestimula os professores em sua dedicação às tarefas relativas ao ensino;
- percepção de que as mudanças ou inovações implementadas individualmente não conseguem impregnar as práticas coletivas nem estender-se ao nível institucional.

Para fazer frente a esse cenário, não são mais suficientes os esforços individuais dos professores, ainda que sejam de enorme valia. Passa a ser essencial outro tipo de iniciativa, sustentada em política capaz de oferecer apoio e condições para que os professores implementem as transformações necessárias no plano do ensino e da aprendizagem como meio para a mudança institucional. Em outras palavras, falar em reconfiguração das práticas educacionais remete quase imediatamente à ideia de mudança na formação docente, o que já não pode ser equacionado só no plano individual e pessoal, mas implica fundamentalmente o compromisso e a ação institucional.

Assim considerada a pertinência e a importância da iniciativa política das instituições de ensino superior de responsabilizar-se pelo desenvolvimento de programas permanentes, destinados à formação continuada de seus professores, passamos então a contextualizar os cinco programas institucionais aqui analisados, com o objetivo de conhecer melhor o que se faz em termos de formação pedagógica do professor universitário. Interessa-nos, instigados pelas provocações de Cunha (2009) na epígrafe deste capítulo, reconhecer suas motivações políticas, formatos, significados, bases epistemológicas. Diz a autora que a construção da profissionalidade docente daqueles que assumem o magistério no ensino superior requer iniciativas pessoais e institucionais capazes de adensar a pertença desses sujeitos à profissão docente.

Acreditamos que a compreensão de processos desenvolvidos em múltiplas instituições, inseridas em contextos sociais distintos, pode favorecer o aprimoramento de políticas institucionais comprometidas com a implementação de iniciativas nesse campo. Buscamos então evidenciar o que há de específico nesses programas em análise, os quais possuem fundamentos, identidade, características, totalidade e fronteiras próprias. A intenção é identificar os elementos capazes de contribuir com políticas, projetos e ações para o aperfeiçoamento do corpo docente em vista do sucesso do ensino e da aprendizagem no interior das instituições de ensino superior.

1. A formação dos professores da Universidade de São Paulo

1.1. O contexto da valorização e da formação dos docentes na USP

A Universidade de São Paulo é uma instituição pública de ensino superior que integra o sistema universitário brasileiro. Localizada no Estado de São Paulo, foi criada em 1934. Como todas as demais universidades, a USP não está imune às tendências presentes na sociedade contemporânea, pautadas pela lógica dos interesses hegemônicos orientados pelo mercado e pelo consumo, a qual requer uma formação cada vez mais rápida e voltada principalmente para as demandas advindas da esfera da produção, perdendo de vista o caráter político, humanista e emancipador necessário à formação humana que deve ser propiciada pela universidade pública. São muito fortes as pressões para que ela busque *"contribuir significativamente com a produção de mais--valia relativa, ou seja, [...] formar profissionais e gerar tecnologia e inovações que sejam colocadas a serviço do capital produtivo"*, como apontam Dourado, Oliveira e Catani (2003).

Diante dessas pressões, são intensos os embates no interior da Universidade, e eles são travados essencialmente em torno dos impasses apontados por Chaui (2003): tratar a educação como um direito ou como um serviço? Considerar a educação um serviço público ou um serviço privado ou passível de ser privatizado? Produzir conhecimento capaz de beneficiar a vida coletiva ou atender aos reclamos do mercado? Na verdade, essas são as faces visíveis de posições bastante imbricadas com os rumos sociais diuturnamente delineados também pelo fazer acadêmico. Posicionar-se contra ou a favor nas questões referentes à exclusão social, à radicalização e aprofundamento da democracia, à batalha contra as discriminações e preconceitos é o que norteia as ações definidoras das políticas, das opções e das práticas sociais. E a história recente da USP evidencia inúmeros momentos e situações em que essas polarizações se expressam com muito vigor.

No que toca especificamente à ação da Universidade de São Paulo no campo da formação, tem-se tornado evidente que, se a intenção é possibilitar respostas ou propostas pedagógicas que possuam profundidade e abrangência compatíveis com o novo quadro instalado nos mais diferentes cursos universitários, é preciso ir além das ações formadoras pontuais, promotoras de mudanças modestas e localizadas. Desde os projetos de curso, as estruturações curriculares, as abordagens das disciplinas específicas, as maneiras de organizar a avaliação das ações de todos os envolvidos no processo de ensino-aprendizagem, até as maneiras de organizar a aula e as relações que se estabelecem em seu interior, as mídias utilizadas e os papéis que ocupam professores e alunos, tudo enfim tem estado em discussão no âmbito da Universidade.

Nesses debates, vêm sendo abertos alguns caminhos para constituir políticas institucionais de caráter mais permanente e contínuo no interior da Universidade de São Paulo, voltadas para a valorização do trabalho na produção do conhecimento, no ensino de graduação e na formação dos docentes. Analisamos aqui a constituição e o desenvolvimento da política de valorização e formação dos docentes circunscrita temporalmente aos anos de 2006 a 2009.

Suas linhas orientadoras buscaram oferecer condições para que se superasse a fragmentação – intensificada nos últimos anos – das múltiplas atividades presentes na vida profissional dos docentes, com o predomínio daquelas voltadas para a pesquisa em detrimento das centradas no ensino, que, neste caso, sofre as consequências da desvalorização do empenho e do tempo a ele dedicados pelos docentes. Também esteve presente a intenção de criar meios de propiciar aos docentes as condições para a constituição de uma base político-pedagógica capaz de permitir redirecionamentos no trato com os conhecimentos científicos, na organização do currículo e das abordagens de ensino, nas

> Neste período, a USP esteve sob a gestão da professora Suely Vilela e a Pró-Reitoria de Graduação sob o comando da professora Selma Garrido Pimenta, a quem tivemos a oportunidade de assessorar.

relações interativas com os estudantes, na dimensão coletiva do trabalho pedagógico e nas formulações das ações institucionais.

Para tanto, o ponto de partida foi o estudo crítico dos problemas acadêmicos e a busca dos referenciais teóricos e metodológicos que permitissem a elaboração de respostas centradas no desenvolvimento dos professores, pois a meta era a constituição de um corpo docente capaz de criar respostas pedagógicas e institucionais coerentes com os princípios emancipadores e gerir o próprio processo de crescimento profissional. Em síntese, procurava-se alcançar uma situação na qual o corpo docente se envolvesse de maneira responsável, competente, comprometida e coletiva na superação do quadro já bastante conhecido de problemas dos cursos de graduação e fizesse avançar a qualidade da educação superior.

Tendo em vista o estabelecimento de nova cultura acadêmica para a graduação na Universidade, a política então traçada buscou uma formação capaz de assegurar aos estudantes uma postura em face do saber que superasse a especialização estreita, problematizasse as informações, os constituísse cidadãos, profissionais e cientistas comprometidos com a melhoria da qualidade de vida de toda a sociedade, possibilitasse o desenvolvimento do pensamento autônomo e crítico e mobilizasse conhecimentos inter e transdisciplinares sobre os fenômenos (PIMENTA et al., 2009).

Essa política é tributária de algumas ações que vêm sendo realizadas há algum tempo e representaram importantes pontos de apoio para a sua efetivação. Dentre elas, destaca-se a criação dos Grupos de Apoio Pedagógico (GAPs) em 2004, com o objetivo de contribuir para a valorização do ensino de graduação e oferecer apoio pedagógico às atividades docentes. Eles eram compostos de docentes que atuavam voluntariamente para a melhoria do trabalho com o ensino, e os representantes dos 12 GAPs locais – um por unidade – constituíam o GAP Central, cuja função era organizar ações mais amplas no cenário da Universidade.

Em meio às mudanças de grande porte que estavam em curso na Universidade a partir de 2006, o que se buscou foi o fortalecimento de uma concepção mais dinâmica de desenvolvimento acadêmico, a fim de avançar na valorização do ensino de graduação e na melhoria das condições da docência. Como forma de caminhar nessa direção, a primeira ação posta em prática foi a formulação de indicadores para a avaliação do trabalho docente, encaminhados à Comissão Especial de Regime de Trabalho (Cert), órgão responsável pela avaliação institucional da atuação docente na Universidade de São Paulo nos âmbitos do ensino, da pesquisa e da extensão.

Diante da evidência de que critérios externos de avaliação – hoje com abrangência mundial e consolidados entre nós pelas agências de fomento – foram sendo gradativamente incorporados pela USP, as atividades de ensino foram infelizmente

Os GAPs das unidades e o GAP Central foram instituídos pela Portaria Interna Pró-G nº 4/2004.

De modo articulado com a sua política de ampliação de vagas, a USP criou em 2006 o Programa de Inclusão Social da USP (Inclusp), com o objetivo de fomentar maior democratização no acesso dos segmentos menos favorecidos da sociedade a seus cursos. Considerando que a maioria dos jovens pertencentes a esses segmentos realiza a formação básica na escola pública, o Inclusp baseia-se em ações de apoio voltadas para o aluno do ensino médio público, antes, durante e após o processo seletivo para ingresso na Universidade.

perdendo importância em relação àquelas ligadas à pesquisa, o que acaba gerando uma dificuldade de avaliação das primeiras e se traduzindo na desvalorização da própria docência. Gibbs (2004, p. 16--17) diagnostica muito bem esse movimento, que é internacional, e suas consequências:

> *Cada hora adicional de esforço que um professor dedica à docência provavelmente reduz uma hora de esforço que dedicaria à pesquisa e isso prejudica suas expectativas de carreira e sua remuneração a longo prazo. Existe uma quase perfeita correlação negativa entre as horas de docência e o salário. Os sistemas de reconhecimento e recompensa habitualmente desanimam os professores de levarem a sério a docência [...] (tradução nossa).*

Foram então propostos e encaminhados à Cert 16 novos itens para avaliação das ações relacionadas com o ensino, formulados com base nas contribuições dos docentes das várias unidades da Universidade. Grande parte deles foi incorporada aos critérios que então pautavam a avaliação do trabalho docente. Com isso foi possível requalificar os critérios de avaliação das atividades referentes ao ensino no âmbito da vida acadêmica, dando-lhes maior destaque no contexto da carreira docente na USP.

Como forma de dar prosseguimento à valorização das ações de ensino na graduação e possibilitar o acesso dos professores aos conhecimentos favorecedores da compreensão e da reflexão sobre os processos de construção pedagógica, foram criados em 2007 o Curso de Pedagogia Universitária e os Seminários de Pedagogia Universitária.

O Curso de Pedagogia Universitária, com duração anual, foi oferecido por três vezes consecutivas. Contou com uma professora especialista no campo da formação de docentes para o ensino superior especialmente contratada, e todas as atividades, realizadas de modo presencial e não presencial, foram acompanhadas pela equipe do GAP Central. A certificação de participação no curso exigiu a realização de 85% das atividades previstas e a adesão deu-se por iniciativa pessoal dos docentes.

As turmas foram constituídas por docentes de diversas áreas de conhecimento e com diferentes níveis de inserção na vida acadêmica, com a intenção de promover a interação, as trocas de experiências, os cruzamentos dos diferentes olhares sobre como ensinar e aprender na universidade e também como organizar os espaços e os conteúdos para tanto. As abordagens tiveram como foco tanto a atuação pedagógica pessoal quanto a dimensão organizacional do ensino e o trabalho coletivo. As atividades combinaram ações presenciais e a distância, e tanto na comunicação como na organização das atividades foi utilizada a plataforma CoL, o que representou um desafio a muitos dos docentes participantes.

CoL (Cursos on-Line) é uma ferramenta de gerenciamento de cursos pela *web* disponível para toda a comunidade da Universidade de São Paulo (http://col.redealuno.usp.br/portal/).

O objetivo orientador do curso, em todas as suas edições, foi assim delimitado:

> *estimular o desenvolvimento de intervenções no cotidiano visando efetivar o papel da pedagogia no ensino superior e compreender, renovar e valorizar o seu lugar nas práticas*

> *de coordenação pedagógica e de atuação docente nos contextos institucionais, a partir de diagnóstico efetivado com os grupos de trabalho.*

<small>As referências aos objetivos, foco e diretrizes do curso constam no *Programa do Curso de Pedagogia Universitária – 2007/2008/2009* (mimeografado).</small>

Há consenso entre analistas dos processos de formação docente no ensino superior sobre o fato de que nunca foi exigido aos professores que aprendessem a ensinar e muito menos lhes foram propiciadas referências para lidar com os processos pedagógicos e organizacionais mais amplos do ensino. Essa mesma constatação é válida também no caso dos docentes que assumem a coordenação de curso ou se propõem promover ações formativas com seus pares. Assim, com a expectativa de superar a tradicional ausência de processos formativos alongados, foram adotadas as seguintes abordagens:

– *discutir elementos da historicidade da universidade que determinam formas de organização curricular e formas de atuação docente;*
– *conhecer e aplicar fundamentos legais na constituição dos currículos universitários, em especial a LDBEN 9394-96 e as diretrizes curriculares nacionais;*
– *revisar a organização do projeto político-pedagógico do curso onde atua e a integração disciplinar já efetivada ou ainda por se efetivar;*
– *identificar os processos de ensino e de aprendizagem efetivados no curso onde atua, discutindo as possíveis formas de acompanhamento (avaliação em exercício);*

– *pontuar a importância da ação conjunta e coletiva entre os docentes na direção da construção de princípios comuns aos cursos similares das diversas áreas;*
– *discutir o conceito e a vivência de currículo no ensino superior, diferenciando currículo como grade, como edifício e matriz integrativa, enfatizando o curso onde atua;*
– *abordar a identidade docente, incluindo o conceito e o processo de profissionalização docente;*
– *diferenciar "ciência", "saber", "saber que", "saber como fazer", "saber escolar", relacionando-os com método de ensino e de pesquisa e com a organização dos conteúdos de ensino em cada fase do curso;*
– *identificar elementos determinantes da gestão do conhecimento e da informação na relação teoria-prática, buscando construir uma visão de totalidade do curso, integrando áreas e conteúdos;*
– *organizar objetivos, conteúdos, metodologias de ensino e formas de avaliação da aprendizagem no ensino superior;*
– *rever os planos de ensino e confrontá-los com a possibilidade de organização de programas de aprendizagem, facilitando o contrato didático entre docentes e discentes;*
– *analisar elementos facilitadores da construção da autonomia do estudante universitário como futuro profissional;*
– *construir programas de aprendizagem e vivenciar sua aplicação nas turmas que rege (Programa do*

Curso de Pedagogia Universitária – 2007/ 2008/2009).

Do ponto de vista metodológico, buscou-se trabalhar com base nas concepções prévias de cada um dos participantes, segundo o entendimento de que, com os embates coletivos e as análises das práticas feitas à luz de novas teorias, se podia chegar à superação das crenças anteriormente estabelecidas e à construção de novos referenciais teórico-práticos. O trabalho encaminhado dessa forma permite que os docentes, ao mesmo tempo que se formam, percebam a importância das trocas e interações entre os participantes do processo, ou seja, compreendam a dimensão coletiva da formação e da atuação docente.

> Os textos produzidos como apoio aos 11 seminários realizados foram agrupados em dois livros, organizados por Pimenta e Almeida (2009, 2011).

Outra linha de trabalho, complementar ao trabalho formativo realizado no âmbito do Curso de Pedagogia Universitária, foram os Seminários de Pedagogia Universitária, com periodicidade mensal, em que eram abordados temas relativos à análise do contexto sociocultural no qual a Universidade está envolvida, aos conhecimentos pedagógicos pertinentes ao ensino, às condições institucionais e de trabalho que permeiam o fazer docente, entre outros tantos.

A participação nos seminários era assegurada a todos os docentes interessados e também aos estudantes de pós-graduação da Universidade, pois se entendia que as temáticas eram pertinentes também aos futuros professores universitários em processo de formação.

1.2. Pontos marcantes da experiência

Originalmente fruto de solicitações de docentes das várias unidades da USP, as ações voltadas para a formação pedagógica constituíram importante elemento da política institucional, preocupada com a valorização do ensino de graduação. Por tratar-se de experiência iniciante na vida da Universidade – foi o primeiro processo formativo de média duração, desenvolvido seguidamente por um período de três anos –, alguns pontos marcantes são aqui considerados, tendo em vista a importância do seu enraizamento institucional, no caso da USP, e como contribuição aos interessados no fomento de processos formativos em outras universidades. São eles:

- priorizar a formação continuada de docentes nas definições orçamentárias e organizacionais, a fim de assegurar a estabilidade dessa política no seio da Universidade;
- criar uma estrutura especialmente orientada para cuidar da formação pedagógica dos docentes e exercer a coordenação específica das ações em curso;
- contar com a presença de profissional acadêmico especializado, com atuação especialmente direcionada ao trabalho formativo, de funcionários e de recursos suficientes para implementar a formação para os docentes interessados;
- realizar o diagnóstico das necessidades formativas sentidas pelos docentes, a serem contempladas nos processos formativos;

- definir os objetivos para o trabalho de formação docente, a fim de possibilitar a reorganização das práticas formadoras na direção da interação entre professor, aluno e conhecimento; superar o paradigma do ensino como transmissão de conhecimentos;
- implementar processos formativos assentados em temáticas e métodos de trabalho capazes de favorecer a aproximação e a integração entre docentes de distintas unidades e áreas do conhecimento e fortalecer perspectivas interdisciplinares na produção de conhecimentos e nos processos de ensinar e aprender;
- fortalecer a dimensão coletiva da formação e do trabalho docente por meio da produção, da contextualização e da análise de experiências docentes a serem compreendidas e trabalhadas por todos;
- estimular e valorizar a tolerância no trabalho coletivo, a capacidade de escuta e de interação, a sensibilidade para questionar os outros e a si próprio, o estabelecimento de relações de confiança profissional, de parceria, de trocas e de diálogo entre os participantes, a compreensão de que os percursos formativos e de desenvolvimento profissional são processos vividos coletivamente e associados a situações de intercâmbio frequente;
- efetivar o papel da pedagogia como norteadora da atuação docente e das práticas de coordenação pedagógica;
- contar com a adesão voluntária dos formandos, embora sem haver ainda uma valorização

institucional para os participantes certificados pela participação.

Essas características indicam a importância de programas institucionais que tomem a prática efetiva como ponto de partida para o desenvolvimento de ações formativas, que considerem os professores como sujeitos de suas ações e de seu próprio processo de formação, que invistam na dimensão coletiva da docência e busquem trabalhar os fundamentos teóricos e políticos da prática educativa, a fim de favorecer a apropriação dos fundamentos pedagógicos e didáticos que são pressupostos desses programas.

2. O caso das universidades espanholas

2.1. As políticas educacionais europeias e seus reflexos nas universidades

A União Europeia, criada em 1992 com o propósito de propiciar um revigoramento da economia, da política e da vida social de seus integrantes, bem como do lugar da Europa na sociedade neoliberal, instituiu novos encargos, que se manifestam em campos diversos da vida.

Fruto das macromudanças que estavam ocorrendo na economia em função da globalização e da quebra das fronteiras nacionais no campo da produção e dos mercados financeiros, a integração europeia almejava: propiciar o crescimento da economia e do emprego; superar a crise decorrente do modelo de capitalismo vigente; responder às repercussões do colapso do bloco soviético e à incorporação dos países do Leste aos padrões de vida europeus; constituir a Europa da ciência e da educação, sustentada por valores compartilhados e pertencentes a um espaço social e cultural comum e capaz de fortalecer suas dimensões intelectuais, culturais, sociais, científicas e tecnológicas.

No campo da formação profissional em nível universitário, a necessidade de integração impôs-se como consequência dos passos políticos e econômicos. Assim, em 1998, foi dada a partida para a integração europeia no campo da educação superior com a Declaração de Sorbonne, e, em 1999, 29 Estados europeus assinaram a Declaração de Bolonha, com o objetivo de propiciar respostas a problemas comuns decorrentes do crescimento e da diversificação do ensino superior, das dificuldades de empregabilidade dos graduandos e da necessidade de ampliar a competitividade internacional do ensino superior europeu, constituindo o que Robertson (2009) chamou de "indústria de exportação da educação superior". Para tanto, foram firmados compromissos com a construção da Europa do conhecimento, a constituição do Espaço Europeu de Educação Superior (EEES) e o incremento da competitividade do ensino superior europeu.

A partir desse acordo inicial, outros países somaram-se a esse esforço e várias conferências anuais vêm sendo realizadas a fim de coordenar as iniciativas políticas e as práticas institucionais, de modo que se concretize a integração do ensino superior. A definição da chamada Agenda de Lisboa (2005) tem papel de destaque nesse conjunto de orientações, pois, com base na avaliação das medidas até então tomadas, tratou de reafirmar a perspectiva neoliberal de competitividade econômica como orientadora das políticas de educação superior na Europa, voltada à formação de profissionais e ao desenvolvimento de mercados para a economia europeia do conhecimento.

Esse é então o marco referencial que vem orientando a atuação das universidades espanholas na primeira década do século XXI, período em que lá estivemos, e, pelo que nos foi possível verificar, também das demais universidades europeias. Em coerência com os princípios orientadores da criação de um mercado único europeu, estabeleceram-se os princípios orientadores da formação do cidadão europeu com base em sua profissionalização na universidade.

A Declaração de Bolonha faz recomendações expressas para a atuação dos Estados e das universidades, que se desdobram em grandes linhas de atuação: promoção da mobilidade de docentes e discentes; promoção da cooperação europeia; adoção de um sistema comparável de titulações, com subdivisão entre graduação e pós-graduação (três anos de licenciatura + dois anos de mestrado + três anos

Em 2007 realizamos estudos de pós-doutoramento na Universidade Autônoma de Barcelona, em parceria com o professor Joan Rué, que contaram com o apoio da Fundação de Amparo à Pesquisa do Estado de São Paulo (Fapesp). Nessa oportunidade, buscamos aprofundar os aspectos políticos, conceituais, metodológicos e organizacionais da formação do professor universitário na Espanha, tendo como expectativa compreender os caminhos que podiam mostrar-se favorecedores da apropriação e elaboração de referenciais político-pedagógicos capazes de qualificar sua ação de ensino, a construção e o desenvolvimento de sua identidade e seu desenvolvimento profissional.

Nos três eventos de que participamos durante a estada em Barcelona, além dos representantes espanhóis, estiveram presentes conferencistas das Universidades de Twente, Maastricht e Utrecht (Holanda), Aalborg (Dinamarca), Birmingham (Inglaterra), Lisboa e Minho (Portugal) e da Universidade Católica de Louvain (Bélgica). Os relatos e as análises expostas evidenciam que os problemas, as dificuldades, os desafios e as metas são os mesmos para todos os contextos abordados.

de doutorado); estabelecimento de um sistema de créditos (ECTS – European Credit Transfer and Accumulation System) para o reconhecimento mútuo dos títulos; promoção de uma dimensão europeia em educação superior, com ênfase no desenvolvimento curricular, na colaboração institucional e nos programas integrados de estudos, formação e investigação. O EEES foi então projetado para criar uma arquitetura unificada de educação superior na Europa, e seus mecanismos regulatórios buscam proporcionar o desenvolvimento e a retenção de "capital humano", segundo rezam os ditames da economia neoliberal.

Entendida, desta forma, como uma pauta política contínua, portanto frequentemente ajustada em termos dos desdobramentos das ações, essas diretrizes trazem consequências para a vida das universidades no que se refere aos planos dos cursos e carreiras universitárias e afetam também outros aspectos da vida acadêmica ligados mais diretamente aos docentes, como os currículos e planos de estudos dos cursos e das disciplinas e um sistema de créditos único para contabilizar o que se realiza nas disciplinas.

Assim, a constituição do EEES visa essencialmente ao estabelecimento de um sistema de créditos europeu (ECTS), que consiste em um procedimento padronizado de medida, comparação e transferência de créditos em diferentes contextos e facilita, entre outras coisas, a mobilidade de estudantes, já que transcender as fronteiras políticas é algo assegurado pela união dos países europeus. Facilita também uma arquitetura comum de títulos, que permita comparar o que se realiza nos diferentes países. Esse sistema de créditos leva em conta o volume de trabalho realizado pelo aluno universitário e não se limita às horas de assistência às aulas. Assim, um crédito europeu representa algo entre 25 e 30 horas de trabalho do estudante, no qual estão incluídas as horas das aulas presenciais e também as de atividade pessoal na preparação e estudo exigidos. A implementação desse sistema significa centrar o processo de ensino-aprendizagem em quem aprende e no esforço que se requer dele, ou seja, implica convergir a formação para a aprendizagem e para a aquisição de competências e destrezas, valorizando adequadamente o esforço despendido pelos alunos e a qualidade da aprendizagem deles (IMBERNÓN MUÑOZ; MEDINA MOYA, 2005).

À luz dos objetivos orientadores das diretrizes de Bolonha, essas iniciativas são consideradas fundamentais para que a Europa obtenha o reconhecimento mundial de sua integração no plano da formação de profissionais no ensino superior e favoreça a colaboração entre as universidades. A expectativa é a constituição de um sistema de educação superior harmonizado no continente europeu, que em 2009 abrigava 5,6 mil instituições de ensino superior que atendiam 16 milhões de alunos presentes em 46 países (ROBERTSON, 2009).

> Nos programas de formação pesquisados encontramos indicações de que esse mesmo sistema de créditos é utilizado na avaliação das práticas docentes.

> As diretrizes de Bolonha assumiram a centralidade do conceito de "desenvolvimento de competências" como organizador dos processos formativos, e grande parte dos autores que estudamos assumem essa perspectiva sem debater seus fundamentos e significados. A título de exemplo, identificamos alguns autores que defendem essa diretriz: Michavila e Calvo (2000), Torrent (2002), Zabalza (2004), Plaza (2003), Benito e Cruz (2005), Goñi Zabala (2005), Miguel Díaz (2005), Imbernón Muñoz e Medina Moya (2005), Rué (2007a, 2007b, 2009). No campo da crítica a essa ideia, o número de autores que nos foi possível localizar é bem menor: Barnett (2001, 2002) e Garcia, Alonso e Cresp (2006). De nossa parte, expressamos a crítica a essa tendência no livro *Educação e competências* (São Paulo: Summus, 2009), onde polemizamos com Joan Rué a respeito das consequências dessa tendência, cada dia mais presente como orientadora das políticas educacionais.

Existe, portanto, um modelo de política pública estrutural que transcende os modelos nacionais, e sua implementação pautou uma agenda para as políticas educativas, que tiveram de revisar as estruturas de seus sistemas educacionais universitários. Pautou igualmente uma agenda para as universidades, que trataram de estabelecer medidas político-organizativas para se adequarem às novas definições. Também se impôs como fundamental sensibilizar, informar e apoiar os diretamente envolvidos com essas mudanças – professores, alunos e o corpo de funcionários. Não obstante a complexidade dessa implantação, ela também é alvo de críticas contundentes, o que evidencia a existência de diferentes visões sobre a reforma. Para Garcia, Alonso e Cresp (2006, p. 80), o EEES está sendo assumido pelas instituições políticas e acadêmicas sem um balanço crítico, o que gera a *"adoção de medidas um tanto mecânicas frente à urgência dos prazos"*.

As diretrizes europeias apontavam para a intenção de viabilizar a instauração do EEES até 2010. Hoje é possível verificar que esse objetivo foi parcialmente atingido, tal como admitiu em depoimento o diretor-geral de Política Universitária do Ministério da Educação espanhol, Juan José Moreno, para quem a instauração *"não está concluída e [...] agora começa a fase de acompanhamento das mudanças"*, o que faz da implementação do Processo de Bolonha uma pauta política contínua. Sem qualquer contestação ao espírito neoliberal, Moreno ressaltou

<http://www.uimp.es/blogs/prensa/2010/08/16/dossier-de-prensa-del-14-15-y-16-de-agosto-de-2010/>. Acesso em: 22 mar. 2011.

ainda que *"todas as universidades têm um desejo enorme de competir internacionalmente"* e que espera que elas peçam aos seus professores um *"esforço adicional para que sejam melhores docentes, melhores investigadores e se formem mais"*.

O pedido da maior autoridade espanhola no campo da educação superior para que os professores realizem *"esforço adicional para que sejam melhores docentes, melhores investigadores e se formem mais"* evidencia quanto os objetivos inspiradores do processo de convergência europeia na educação superior fomentaram a necessidade de processar profunda renovação no contexto da sala de aula e nas metodologias de ensino universitário, trazendo implicações novas aos docentes em seu trabalho formativo.

Se tomarmos como ponto de partida a ideia de que os enfoques didáticos clássicos, centrados na aula e na atuação do professor, têm de ceder espaço a modos de ensino centrados em atividades a serem exercidas pelos estudantes de maneira autônoma, configurar outras maneiras de planejar e executar o processo de ensino-aprendizagem constitui a demanda central da formação nesse novo contexto. Trata-se, portanto, da necessária criação de políticas institucionais propiciadoras das condições formativas para que os docentes mudem o paradigma orientador desse processo, o que requer reorientação nos objetivos, na metodologia de trabalho docente, nas estratégias de ensino-aprendizagem, nos sistemas de avaliação, na organização dos recursos, espaços e tempos de trabalho. Para tanto, há que redesenhar novos planos de estudos, exigindo novas capacidades da parte dos docentes, as quais favoreçam o desenvolvimento das competências esperadas dos alunos. Em síntese, parece-nos que a reforma do ensino superior europeu busca a consolidação de novo paradigma de docência universitária, centrado agora no desenvolvimento da autonomia e das competências dos estudantes.

Esse novo paradigma confronta-se com o modo de ensino tradicionalmente hegemônico na universidade, caracterizado pela transmissão unidirecional do conhecimento, em que o professor assume a centralidade do processo, ao dissertar sobre o tema da aula, e os alunos se mantêm passivamente escutando, anotando e fazendo algumas perguntas pontuais. A ideia agora é converter a aula em espaço de formação, estudo e reflexão, em que seja possível aos alunos aprender. Para tanto, há que promover mudanças na atuação docente, com o objetivo de assegurar melhoras na organização do plano de aula, utilizar estratégias e técnicas para minimizar o cansaço e recuperar a atenção da classe, fortalecer o desenvolvimento da autonomia discente, conhecer aspectos importantes da comunicação, estar, enfim, mais atento aos estudantes e suas potencialidades (RUÉ, 2007a).

Na defesa da formação com essas características, Feixas (2004, p. 41) argumenta que a sua viabilização depende da formação pedagógica dos professores, a qual deve constituir aspecto importante das políticas institucionais:

> Tanto a formação pedagógica inicial como o desenvolvimento profissional do professorado universitário requerem uma política global da universidade que dignifique e valorize as funções docentes como fundamentais para se alcançar a "excelência". Só quando se gera um clima no qual a alta qualificação na docência seja um indicador mais valorizado que os resultados de uma pesquisa ou o custo, às vezes desproporcional, de aparatos de infraestrutura, será possível estimular a autorreflexão sobre o fazer docente e a implicação dos professores da educação superior em programas de formação pedagógica.

Ao analisar o impacto das novas demandas com que se defrontam as universidades, Zabalza (2004) afirma que melhorar a qualidade do ensino é atualmente uma prioridade e que desconhece universidade que não tenha posto em marcha uma multiplicidade de iniciativas orientadas pelos objetivos inspiradores do processo de convergência europeia na educação superior, o que caracteriza verdadeira mudança na cultura institucional. Para ele, *"os responsáveis universitários estão prestando atenção à docência universitária como nunca antes se havia feito"* (2004, p. 114), pois até há pouco tempo a docência não constituía assunto relevante para a universidade como instituição. Ou seja, os últimos dez anos serviram de palco para uma mudança substantiva, voltada para o incremento da qualidade do ensino universitário.

Pressões externas à universidade têm relevância nessa mudança. As decorrentes da Declaração de

Bolonha têm, indiscutivelmente, grande peso. Mas também se faz sentir, e com muita força, a influência das novas condições demográficas, que têm ocasionado drástica redução no número de alunos, pondo em risco a sobrevivência de algumas carreiras e a saúde financeira das universidades. Isso instaura um clima de competição na busca por estudantes, para o que tem grande importância a imagem da formação oferecida. A escolha da instituição está em relação direta com a qualidade do ensino, o que põe em destaque a qualidade da atuação docente. Para Zabalza, *"a imagem da docência que os estudantes transmitem acaba atuando a favor ou em detrimento da atração que as universidades exercem sobre os futuros universitários"* (2004, p. 117).

Esse novo cenário traz como consequência a necessidade de programar profunda renovação no contexto da sala de aula e nas metodologias de ensino universitário. A docência adquiriu novo sentido e tornou-se peça-chave para a atuação e sobrevivência das universidades. Dar respostas a essas novas demandas requer mais do que mudar algumas metodologias de ensino. Implica efetuar mudanças nos princípios pedagógicos como base para a implementação de novo paradigma de ensino, muito mais complexo e capaz de reconfigurar a formação universitária. Trata-se de dotar os professores de conhecimentos e capacidades para melhorar a qualidade do processo de ensino-aprendizagem. O mesmo autor (ZABALZA, 2004) considera que se vive atualmente verdadeiro clima de renovação da docência universitária, sustentado no tripé formado pela mudança de eixo do ensino para a aprendizagem, pelo incremento da aprendizagem autônoma do estudante e pelo desenvolvimento de competências de formação global. Para Rué (2007b, p. 50), essa perspectiva situa

> a formação como potencial de oportunidades para incrementar o grau de domínio de uma pessoa sobre seu próprio processo de desenvolvimento. E como esse progresso pessoal não se realiza em abstrato, requer um marco de competências delimitado e relevante para orientar melhor a quem forma e aos formandos.

As difíceis tarefas que esse novo quadro impõe aos professores demandam programas de formação docente voltados para o acesso a conceitos, orientações e ferramentas que lhes permitam planejar, desenvolver e avaliar os processos de ensino-aprendizagem de acordo com a reconfiguração das necessidades sociais e de aprendizagem.

Mas antes de adentrarmos a análise desses programas, é pertinente assinalar que a percepção por nós construída das mudanças em curso na Espanha – o que fizemos com o apoio de bibliografia especializada produzida majoritariamente por autores espanhóis – coincide com a análise de Barnett (2001) sobre as mudanças epistemológicas verificadas no ensino superior. Para ele, há novo vocabulário em ascensão, composto pelos conceitos de habilidades, competências, resultados, capacitação e empreendedorismo, o qual se contrapõe a outro vocabulário em extinção, articulado pelas ideias de compreensão, crítica, interdisciplinaridade e sabedoria, ao qual agregamos também outros conceitos quase em desuso na literatura estudada, como os de liberdade, compromisso, maturidade intelectual e emancipação.

Destacamos então o que nos parece serem equívocos nas premissas do Processo de Bolonha, centradas no desenvolvimento das competências e habilidades, que se tornam o cerne da formação. Este enfoque traz como consequência uma percepção utilitária do conhecimento, na medida em que a prioridade é dada ao imediatamente necessário e praticamente demonstrável. Traz também a subvalorização das noções de compreensão e emancipação do sujeito, dimensões que não recebem atenção ou destaque no processo formativo. Segundo Barnett (2001), o aluno é tratado como ser operacional, pois não desenvolve o pensamento, a reflexão, a capacidade de discriminação, a problematização de sua relação com o conhecimento, com o contexto de trabalho, com o mundo social. Sua dimensão humana fica empobrecida, uma vez que não exercita plenamente sua capacidade de ser autor consciente de suas ações e pensamentos.

Esses caminhos ou orientações revelam perspectivas epistemológicas distintas, possibilitando encaminhamentos próprios aos programas de formação docente desenvolvidos pelas universidades. Demonstraremos a seguir como quatro universidades espanholas estruturaram programas formativos para seus professores à luz das diretrizes de Bolonha.

2.2. A formação dos docentes na Universidade Autônoma de Barcelona

A UAB deu início a um projeto de formação de seus docentes em 2003, com a constituição da unidade de Inovação Docente em Educação Superior (IDES), instância acadêmica destinada especialmente ao desenvolvimento da formação intelectual e cultural e ao aperfeiçoamento dos seus próprios docentes, bem como à pesquisa, à inovação e à renovação no campo pedagógico. Essa opção da UAB diferencia-a das demais universidades estudadas, onde a formação de seus docentes tem lugar no interior do Instituto de Ciências da Educação (ICE), instância originalmente responsável pela ampla formação de professores que recebeu o novo encargo a partir da decisão das instituições de promover a formação pedagógica dos próprios quadros docentes.

Toda a documentação do IDES evidencia que a formação docente realizada direciona-se para a efetivação do EEES, e para isso o instituto busca desenvolver estratégias de aprendizagem que permitam ao professor reorganizar ou mesmo mudar seu trabalho, centrando-o na perspectiva do estudante, exercitar competências, avaliar de maneira diferente, relacionar-se de modo mais próximo na aula, manusear recursos e técnicas mais atuais, etc.

A atuação do IDES está organizada em linhas de trabalho que contam com coordenações próprias e encaminham o processo de maneiras distintas. Todas as atividades de formação estão reguladas pela metodologia de créditos do ECTS e são institucionalmente validadas para todos os frequentadores que assistirem a um mínimo de 80% das horas presenciais dos cursos ou atividades. Elas são realizadas nos dois momentos em que não há aulas na universidade: janeiro-fevereiro e junho-julho. A UAB considera, na avaliação do professor – a qual tem impacto na carreira docente –, os certificados referentes à participação nessas atividades.

A primeira linha de trabalho do IDES busca assegurar formação para os professores universitários, especialmente para os recém-chegados à Universidade, com o propósito de fortalecer suas competências docentes por meio da oferta de subsídios e recursos que possam ajudá-los a implementar iniciativas de melhora da qualidade da atividade docente, na perspectiva do marco de convergência universitária europeia. Pretende-se também propiciar o intercâmbio e a difusão de experiências de boas práticas conduzidas por docentes. O trabalho articula-se em torno de objetivos voltados para a reflexão sobre a formação por competências e para o aprendizado da organização das disciplinas, utilizando estratégias de ensino-aprendizagem e sistemas de avaliação que respondam às exigências desse modelo formativo; para a reflexão sobre o papel das metodologias ativas no novo marco do espaço europeu e para o conhecimento de como selecionar e levar à prática as estratégias de ensino-aprendizagem, de acordo com os objetivos da disciplina; para a possibilidade de os professores compartilharem entre si as experiências vividas no processo de adaptação dos cursos ao EEES, a fim de facilitar essa adaptação e permitir uma melhora constante.

Nessa perspectiva, são desenvolvidas ações centradas no apoio à inovação do trabalho docente e no incremento dela por meio de cursos organizados com base nas referências do EEES e na adaptação das disciplinas, das aulas e da avaliação ao ECTS. Têm como finalidade potencializar as competências docentes relativas ao planejamento do processo de ensino-aprendizagem, a utilização de estratégias e recursos didáticos e o sistema de avaliação dos estudantes no contexto do marco do EEES. Envolvem uma parte de atividades presenciais e outra de atividades não presenciais.

O IDES também realiza, para grupos específicos de professores, a formação ou o assessoramento demandados por cursos, departamentos ou faculdades. Os conteúdos e a duração dependem do tipo da solicitação. Uma grande demanda das unidades é por curso de inglês, fundamental para efetivar a integração europeia.

No segundo campo de atuação do IDES estão as ações de apoio e incremento da inovação da atuação docente. Seu núcleo são os grupos de interesse na pesquisa, no estudo e no desenvolvimento da inovação do trabalho docente em educação superior (GI-IDES), constituídos com o objetivo de gerar subsídios para a comunidade universitária no que diz respeito a seus temas de trabalho. Os grupos são formados por equipes de docentes, preferencialmente de composição interdisciplinar ou interdepartamental, com a indicação de um coordenador, e centram-se na investigação de aspectos da inovação do trabalho docente – como PBL (*problem-based learning,* "aprendizado baseado em problemas"), ensino organizado por projetos, aprendizagem cooperativa, entre outros –, a qual passa a ser o centro de uma atividade permanente de estudos e atualizações. Também é possível a constituição de grupos voltados para o desenvolvimento ou acompanhamento de experiência práticas. Os grupos de trabalho têm duração de um ano e devem comunicar seus resultados à comunidade acadêmica. Os recursos que custeiam essas pesquisas e estudos são concedidos paritariamente pelo governo da Catalunha, mediante um programa denominado Melhora da Qualidade Docente, e pela Universidade, que tem previsão orçamentária para o apoio à inovação. O IDES oferece ajudas específicas aos docentes que desejam concorrer às verbas governamentais ou institucionais, orientando-os sobre como elaborar seu projeto e depois sobre como pô-lo em prática e proceder à análise do que foi realizado.

Grande atenção é dedicada aos encontros ou momentos de trocas e de ajuda mútua, quando os professores intercambiam suas descobertas a respeito das inovações. Em vista disso, são organizadas anualmente as Jornadas de Inovação Docente da UAB, que têm como objetivo divulgar as inovações e as experiências docentes em desenvolvimento (novas metodologias, novas formas de aprender, novas formas de avaliar, etc.) na perspectiva do EEES. Os resultados são divulgados por meio de publicações. Essas estratégias de trocas e socialização são importantes, porque a maioria dos docentes não dominam o território da inovação educacional (linguagem, bibliografia, método, organização de resultados, análise, produção de texto) e com o apoio recebido desenvolvem a capacidade para realizar a inovação e a investigação sobre a aula.

Outra frente de incremento da inovação traduz-se no apoio aos cursos que buscam pôr em prática as adaptações necessárias às proposições do EEES, efetuando mudanças em suas estruturas, nas metodologias de ensino-aprendizagem e no sistema de avaliação com a finalidade de ajustar-se às novas exigências. Nesses casos, a ação do IDES consiste em apoiar comissões coordenadoras do processo de trabalho na busca da definição do perfil de competências a serem desenvolvidas, de estratégias docentes que permitam efetivar distintas maneiras de atuação, avaliação e participação dos estudantes. Também há a preocupação em conhecer o tempo de dedicação dos estudantes às diversas atividades não presenciais, algo de extrema importância no novo contexto de ensino e aprendizagem.

O IDES também procura investigar quais são as necessidades formativas dos docentes, além de realizar análises de impacto da formação empreendida, com o objetivo de verificar como o abordado nas atividades que a constituem se concretiza em sala de aula. Esses são aspectos orientadores da manutenção ou da redefinição das atividades ofertadas e suas abordagens.

2.3. A formação dos docentes na Universidade de Barcelona

O Instituto de Ciências da Educação (ICE) da UB foi criado em 1969 com o objetivo de oferecer formação intelectual e cultural às pessoas que se dedicam ao trabalho educativo, mediante o estímulo e a orientação permanente. Em 1984 ficou decidido que a formação de professores também passaria a ser feita pelo ICE, que assumiu essa função em conjunto com outras faculdades, departamentos e institutos de pesquisa da Universidade. Também se abriu a possibilidade de realizar a formação em parceria com outras instituições administrativas e órgãos públicos ou privados mediante convênio de colaboração. Em UB estabeleceu que o ICE seria também a instância responsável por desenvolver a ampla formação do professorado universitário voltada para a implementação das diretrizes de Bolonha. Assim, a adequação da formação universitária dos docentes da UB aos princípios do EEES constitui mais um encargo do ICE.

Para atender a esse objetivo e responder às diferentes demandas individuais e institucionais, o ICE oferece aos professores com até três anos de docência na UB um programa de formação inicial, em nível de pós-graduação, denominado Iniciação à Docência Universitária, com 200 horas de duração, no qual são tratados temas como planejamento da docência, metodologia do ensino, avaliação da aprendizagem, desenvolvimento do portfólio, competências éticas e cidadania no trabalho docente. A participação comprovada (obtenção de 85% de presença, realização das atividades propostas e elaboração de portfólio) assegura o recebimento de diploma de pós-graduação pela Universidade de Barcelona e a sua validade para o processo de avaliação docente e para o Plano de Ordenação Acadêmica.

A Ordenação Acadêmica consiste num concurso, com banca composta de especialistas da área, que avalia a capacidade do docente de assumir posto de trabalho em universidade espanhola.
É procurado por professores jovens, em início de carreira, que ainda não possuem um posto efetivo de trabalho.

O ICE também se encarrega do atendimento de demandas formuladas por centros e departamentos, ou por grupos de professores, com a intenção de proporcionar o equacionamento de necessidades manifestas no planejamento institucional ou decorrentes dos estudos e reflexões do grupo de docentes.

Outra linha de atuação do ICE refere-se ao apoio à prática da tutoria, que, segundo as diretrizes do EEES, requer uma ação mais personalizada no atendimento aos estudantes e uma mudança na cultura docente. Para tornar a ação tutorial mais acadêmica e orientadora, são trabalhados aspectos decorrentes das mudanças na Universidade, especialmente nas metodologias de estudo e trabalho, nas escolhas de itinerários curriculares, assim como a elaboração de um projeto profissional por parte do aluno e a continuidade da formação ao longo de toda a vida. O apoio consiste na disponibilização, na sua página *web*, de recursos e assessoramento para facilitar a ação tanto do professor-coordenador como do professorado das unidades, buscando propiciar os conhecimentos necessários para que o trabalho tutorial seja posto em marcha e avaliado.

O ICE realiza ainda outras modalidades de ações. Uma delas é a avaliação das atividades formativas (cursos, oficinas, seminários, etc.) exercidas pelas unidades, que, quando consideradas adequadas para a adaptação ao EEES, valem créditos para a progressão na carreira docente. Outra ação diz respeito à realização de seminários em vista do debate e da reflexão sobre temas relativos à formação do professor universitário (planejamento da docência, metodologias e estratégias docentes, avaliação, formação de formadores e outros reputados oportunos). Outra ação refere-se ao Fórum de Docência Universitária, espaço gratuito de debates e informação, dirigido aos professores da UB, que busca facilitar e melhorar o intercâmbio de experiências e a reflexão sobre as tarefas docentes, além de difundir informação sobre congressos, conferências, seminários, cursos, bibliografia e recursos para a docência universitária. O ICE mantém ainda o Programa Documentação e Publicações, que disponibiliza vasta linha de obras sobre docência universitária.

2.4. A formação dos docentes na Universidade Politécnica da Catalunha

O Instituto de Ciências da Educação (ICE) da Universidade Politécnica da Catalunha tem como uma de suas responsabilidades desenvolver o plano de formação dos professores da própria Universidade, voltado para a melhora da atuação acadêmica da instituição, atuação essa que compreende a docência, o estudo, a pesquisa, a transferência dos resultados de pesquisa, a extensão universitária e, também, as atividades de direção e coordenação. A execução desse plano de formação busca englobar todas as ações formativas relacionadas aos professores, impulsionar sua generalização e articulá-las num marco comum de atuação institucional. O ICE colabora com as unidades da UPC, oferecendo suporte às ações direcionadas à melhora dos processos de aprendizagem e à incorporação das tecnologias da informação e comunicação (TICs) no trabalho docente, e proporciona informações para a implementação de novas metodologias de ensino.

Esses objetivos são postos em prática por meio de alguns programas. Um deles busca acolher o professor recém-chegado e apresentar-lhe a estrutura e a organização da UPC, além de oferecer informações diretamente relacionadas com sua atividade acadêmica. Para fomentar o envolvimento do professor novo com esses temas e fazê-lo juntar-se à preocupação da UPC em melhorar a qualidade da prática acadêmica, considera-se obrigatória a participação em atividades de formação realizadas no momento de sua contratação.

Outro programa tem como objeto o conjunto do trabalho dos professores, que se dedicam à docência, estudos, pesquisa e extensão e também devem envolver-se nas atividades de direção e coordenação. Outra modalidade de formação, voltada para diretores e gestores universitários, é oferecida no âmbito da Cátedra Unesco de Direção Universitária, que organiza seminários sobre temas relacionados com as múltiplas dimensões da gestão.

De modo geral, as atividades formativas buscam facilitar a adaptação do professorado às mudanças derivadas das diretrizes pedagógicas do EEES no que se relaciona com o ensino, a pesquisa, a dimensão coletiva do trabalho universitário e a negociação. Para tanto, o ICE promove encontros destinados à reflexão sobre a formação e a prática docente, as metodologias de avaliação, as competências docentes, o papel do estudante e do professor, etc. Com isso, busca consolidar o modelo universitário centrado no sujeito que aprende, com ênfase no processo de aprendizagem e na aquisição de competências.

As ações formativas são oferecidas a todos os docentes, sendo dado destaque à participação do professorado novo. Elas podem ser demandadas pelos próprios professores ou por suas unidades e são certificadas para os que assistem às atividades formativas presenciais, acompanham as atividades semipresenciais ou virtuais e elaboram o que é solicitado. Essa comprovação é considerada pela Universidade para a evolução da carreira docente.

2.5. A formação dos docentes na Universidade de Alicante

A formação dos docentes da Universidade de Alicante é realizada pelo Instituto de Ciências da Educação (ICE), em relação estreita com o Vice-Reitorado de Qualidade e Harmonização Europeia. O trabalho do ICE consiste em apoiar a comunidade universitária, colaborando na melhora da qualidade da docência e na satisfação do alunado com a aprendizagem. O trabalho formativo é orientado pela premissa de propiciar o desenvolvimento profissional dos docentes por meio da criação de contextos colaborativos – redes e equipes – favoráveis à inovação e à investigação da docência, bem como pela implementação de ações voltadas para a melhora da qualidade da docência e da aprendizagem.

Os princípios orientadores desse trabalho de formação são as ideias de que a docência constitui um dos pilares da missão da Universidade, o envolvimento e o compromisso da comunidade universitária com a aprendizagem do alunado são fatores relevantes para o sucesso da missão docente e o trabalho participativo e colaborativo da comunidade universitária é imprescindível para o alcance da missão da Universidade. O ICE considera ainda o EEES como oportunidade ímpar para a mudança e a inovação do trabalho docente.

Norteado por essas balizas, o trabalho de formação tem como objetivos: colaborar com a comunidade universitária na tarefa de participar ativamente na aproximação com o EEES; apoiar a iniciação profissional do professor recém-chegado à Universidade mediante a criação de espaços de relação com o professorado experiente; criar contexto de investigação docente sobre a própria prática, numa perspectiva colaborativa, por meio de redes de pesquisa.

Os esforços empreendidos pelo ICE centram-se no apoio ao desenvolvimento da docência e da tutoria universitária enquanto tarefas que poderiam ser mais bem efetivadas por equipes colaborativas de trabalho, reflexão e debate. Por isso, há grande investimento na criação de redes e de projetos coletivos de investigação e formação em docência universitária, em que a discussão da própria prática docente e tutorial é posta em destaque, com a finalidade de melhorar a qualidade da aprendizagem dos alunos. As redes são constituídas de um grupo de professores universitários (entre cinco e dez participantes), de um professor coordenador/tutor selecionado pelo grupo e de um professor colaborador representante do ICE. As atividades realizadas envolvem, normalmente: a assistência de palestras sobre a docência universitária organizadas pelo ICE; análise do material bibliográfico recomendado pelos tutores e assessores; realização de reuniões entre os participantes da rede para planejar e acompanhar o projeto; desenvolvimento do projeto; coleta e análise dos dados; debate sobre os resultados e elaboração das conclusões em forma de artigo ou de memória da investigação. Os resultados são apresentados em forma de artigos e disponibilizados na página *web* do ICE ou divulgados por meio de CDs ou revistas.

Outros exemplos de ações formativas são as voltadas tanto para a reflexão e a análise sobre a reorganização curricular dos cursos no contexto do EEES quanto para a divulgação de exemplos de boas práticas e estratégias docentes, com a intenção de promover as mudanças necessárias e implementar inovações.

São oferecidos cursos sobre planejamento, metodologias de ensino-aprendizagem, sistemas de avaliação, desenvolvimento de competências, organização e instrumentação para informática, expressão e comunicação científica e competências básicas para o desenvolvimento profissional, como trabalho em equipe, organização de tarefas e planejamento do tempo.

2.6. Pontos marcantes das experiências

Os quatro programas institucionais de formação continuada para professores universitários que descrevemos apresentam traços comuns, resultantes do contexto político europeu e das decorrentes políticas governamentais para o ensino superior nos marcos do EEES, e também características próprias, construídas pelos modos particulares de cada universidade lidar com as demandas contemporâneas.

Delas destacamos alguns aspectos que nos parecem relevantes, tendo em vista a importância das suas trajetórias e das ações efetivadas. Seguem os pontos marcantes e comuns de todos os programas institucionais de formação continuada de professores universitários:

- mostram-se fortemente influenciados pelas diretrizes do Processo de Bolonha e pelos necessários desdobramentos na direção da constituição do Espaço Europeu de Ensino Superior;
- ocupam um lugar institucional regimentalmente definido na estrutura das universidades;
- contam com equipe própria de profissionais, cuja função no âmbito das universidades e das unidades é cuidar da execução das ações de formação e de todas as suas decorrências;
- desenvolvem uma multiplicidade de linhas de formação capazes de contemplar as necessidades dos professores e das suas unidades;
- orientam a formação na perspectiva da adequação das práticas docentes – e, em consequência, as das instituições – às diretrizes de Bolonha;
- valorizam a formação continuada nos processos de avaliação docente e também para a progressão na carreira docente.

Parece-nos que, nessas experiências, a formação de docentes em serviço é concebida como um conjunto de ações de apoio ao seu crescimento profissional, a fim de contribuir para a mudança institucional e para a melhora da formação dos estudantes por meio do ensino. Grande destaque é dado à formação de "professores novos", à inovação e ao reconhecimento e recompensa da excelência do trabalho docente. Destaca-se o empenho das universidades em promover estratégias institucionais voltadas para a melhora da ação pedagógica de seus professores.

Considerações finais: limites e possibilidades da formação dos docentes do ensino superior

Considerações finais: limites e possibilidades da formação dos docentes do ensino superior

Abordamos neste livro o contexto que envolve a universidade contemporânea, assim como os fundamentos da formação pedagógica do docente do ensino superior, e apresentamos algumas políticas institucionais que configuram maneiras possíveis de desenvolvimento de práticas mais eficazes de formação desse profissional. Ao tratar das experiências formativas e de profissionalização aqui expostas, buscamos trazer elementos que nos ajudem a extrair contribuições para o campo da pedagogia universitária, ainda em construção. Entendemos fazê-lo com base em uma atitude política comprometida com a necessidade de transformação das condições que permeiam o atual estágio de formação, atuação e desenvolvimento profissional dos professores universitários, a fim de: a) explicitar a possibilidade de construção de políticas institucionais propositivas; b) valorizar os saberes docentes e as práticas pedagógicas; c) resgatar e fortalecer os compromissos pessoais e coletivos dos professores com a própria formação e com a melhora das práticas relativas ao ensino; d) defender a formulação de projetos de formação intencionalmente ancorados na dimensão coletiva do fazer docente.

Ou seja, procuramos identificar alguns elementos capazes de sustentar a ideia de que a formação pedagógica do docente universitário e o bom encaminhamento do seu desenvolvimento profissional resultam da combinação de seu interesse, motivação e engajamento pessoal com a responsabilidade institucional de assegurar e valorizar possibilidades formativas por meio de políticas de gestão.

Se a razão maior dos esforços envidados até aqui é contextualizar e fundamentar determinada perspectiva de formação do professor do ensino superior, sustentada pelos referenciais da pedagogia universitária, não podemos deixar de indagar a respeito dos rumos político-pedagógicos orientadores das experiências apresentadas. Seriam os processos formativos promovidos pelas cinco universidades propiciadores do fortalecimento dos professores, do desenvolvimento de sua emancipação, autonomia, capacidade crítica e compromisso com a transformação social? Ou estariam eles filiados a perspectivas mais indutoras e preocupadas em preparar os professores para serem os executores de reformas políticas, em grande parte compromissadas com a manutenção das desigualdades sociais e ancoradas em objetivos reguladores?

Com base no que investigamos sobre o desenvolvimento de ações institucionais voltadas para a formação docente nessas universidades, ressaltamos alguns aspectos que se mostram significativos para o direcionamento político-pedagógico de futuros processos de formação continuada para professores do ensino superior.

Em primeiro plano, a orientação maior, com sentido ontológico, que sinaliza a direção e o significado dos programas de formação docente em vista da constituição de *novo modelo de formação universitária*. Parece-nos muito significativo que nos projetos formativos das universidades espanholas se destaquem, com alguma diferenciação na intensidade, referências reiterativas quanto a *"pôr em prática os mecanismos regulatórios para a adequação da educação superior às diretrizes de Bolonha"*, *"regular todas as atividades de formação pela metodologia do EEES"*, *"direcionar o trabalho docente e a formação para o que estabelece o EEES"*, *"regular as atividades por meio do ECTS"*, *"melhorar as atividades acadêmicas de acordo com os marcos do EEES"*, *"considerar o EEES como oportunidade de inovação e mudança docente"*. Os fundamentos dessas intenções não são explicitados, o que parece evidenciar o predomínio da ausência de questionamentos ou de apreciações críticas sobre os rumos dados à educação superior europeia pelas diretrizes emanadas da Declaração de Bolonha, aceitas por todas as universidades estudadas – e também pelas demais, como demonstra a literatura aqui indicada – como o caminho a seguir.

Vale destacar também o empenho para mudar o paradigma orientador da docência com base nas proposições do EEES, que consistem em superar o modelo de docência centrado no ensino, substituindo-o por outro, centrado na aprendizagem. Outro esforço significativo é para possibilitar uma mudança nos objetivos do trabalho docente, na medida em que os subsídios se voltam para uma organização da prática de ensino já não assentada no trabalho com o conhecimento, mas sim no desenvolvimento de competências, o que assume papel central em toda a mobilização de esforços para a adequação das Universidades às diretrizes do EEES.

Rué (2007b), em estudo a respeito dos significados da formação nas universidades espanholas, afirma que as ações formadoras voltadas para os professores podem pautar-se por proposições adaptadoras ou potencializadoras, aninhadas em perspectivas técnico-instrumentais ou reflexivas e consubstanciadas em orientações passivas ou ativas. É evidente que devem existir ações formadoras afinadas com perspectivas potencializadoras, reflexivas e ativas, porém, nas manifestações de sentido expressas na documentação analisada, sobressaem as orientações passivas, técnico-instrumentais e adaptadoras. Parece-nos que essas manifestações de sentido são compatíveis com o que Barnett (2001) identifica como o "novo vocabulário", que chega ao mundo educacional como expressão dos marcos cognitivos da sociedade globalizada. Elas constituem verdadeiras constelações de conceitos que servem a determinados interesses identificáveis apenas com a lógica do mercado na sociedade neoliberal.

No caso da USP, os destaques são para referências às ideias de *"efetivar o papel da pedagogia no ensino superior"*, *"fortalecer as bases pedagógicas dos docentes para ampliar a análise dos problemas"*, *"enfatizar a ação conjunta e coletiva dos professores na definição dos princípios orientadores do trabalho"*, *"trabalhar com a dimensão histórica, os fundamentos legais, a organização do projeto político-pedagógico, o currículo"*, *"discutir as múltiplas compreensões a respeito das ciências, articulando-as com o ensino e com a pesquisa"*, *"desenvolver a identidade docente"*, *"discutir o papel da formação pedagógica para a realização do trabalho docente"*. As ações formativas almejam promover mudança nos objetivos orientadores do trabalho docente, visto que os subsídios são direcionados para que a organização da prática de ensino não se regule apenas pela transmissão de conhecimentos, mas também pela interação entre professor, aluno e conhecimento, fazendo da pesquisa uma referência para a formação dos futuros profissionais.

Nessa experiência também se mostram significativos os esforços para que os professores entendam a organização dos cursos como a resultante da articulação dos campos disciplinares com a dimensão pedagógica, expressa num projeto político-pedagógico institucional em interface com o contexto social. Outro aspecto marcante refere-se às temáticas e aos métodos de trabalho integrativo, que buscam aproximar docentes de várias unidades e áreas com o objetivo de trabalhar com perspectivas interdisciplinares na produção de conhecimentos sobre a própria universidade e sobre o ensinar e o aprender.

Parece-nos que, nesse caso, o sentido direcionador do processo de formação e profissionalização docente pode ser sintetizado no argumento de Pimenta, Anastasiou e Cavallet (2002) de que disponibilizar o conhecimento pedagógico aos professores os capacita para compreender as dificuldades concretas encontradas em seu trabalho e superá-las de maneira criadora. As manifestações de sentido aí parecem estar em sintonia com as concepções subjacentes ao "vocabulário que está se perdendo", expressam a resistência às perspectivas limitadas acerca do conhecimento, da formação e da ação e filiam-se aos propósitos de promover uma formação mais ampla e completa dos seres humanos (BARNETT, 2001).

Um segundo ponto a ser destacado na análise dos cinco projetos refere-se à *importância institucionalmente atribuída à formação*. Em todos os programas está bastante explicitado o papel atribuído à formação como caminho para a melhora qualitativa do ensino. Para que a mobilização institucional se efetive e sejam alcançados os objetivos fixados, as Universidades priorizaram a formação nas definições orçamentárias, estabeleceram o seu lugar institucional, constituíram uma equipe responsável pela sua realização. Esses cuidados expressam a intenção de assegurar estabilidade e permanência a essa política no interior da universidade.

No caso das universidades espanholas, em razão da força indutora advinda das diretrizes de Bolonha, a política de formação docente está bastante consolidada. Todas contam há bastante tempo com um instituto específico, uma equipe de profissionais, os recursos orçamentários necessários, a infraestrutura e a logística adequadas ao desenvolvimento do trabalho de formação. Em todas elas os gestores dos organismos responsáveis pela formação ocupam lugar de destaque na estrutura acadêmica, sendo sempre professores titulados e respeitados pelo lugar que ocupam e pelo trabalho que realizam.

Na Universidade de São Paulo também se evidenciam as condições institucionais favoráveis à formação docente: foi criado um lugar para a realização da formação pedagógica dos docentes, os GAPs; foi contratada uma profissional especializada para ministrar os cursos; foi destacada uma equipe de funcionários para garantir o apoio às ações formativas; foram assegurados os recursos necessários para proporcionar a formação aos docentes interessados.

No entanto, as condições criadas pela USP revelam a disposição política de determinada gestão da Pró-Reitoria de Graduação e ainda não se configuram como parte da política geral da Universidade, em que a formação dos professores constitua um ponto de apoio permanente para a realização do bom ensino e da valorização do trabalho docente na instituição. Essa sazonalidade pode ter consequências sobre a destinação dos recursos financeiros, sobre a presença de profissionais especialmente dedicados ao trabalho de formação e sobre a disponibilização de infraestrutura adequada. No caso das Universidades espanholas, a política de formação, em toda a sua complexidade e desdobramentos, é instituída regimentalmente e não está à mercê dos gestores e das prioridades orçamentárias momentâneas.

O terceiro ponto que destacamos diz respeito à *diversidade de linhas de formação* presentes nos programas. Na USP, as ações realizadas foram aglutinadas em dois grandes eixos: o das ações voltadas para o atendimento de demandas ou necessidades dos professores decorrentes das práticas em suas aulas e o das ações formativas que se realizam tendo em vista as demandas geradas pelas ações de coordenação dos cursos. Com base nessas duas linhas de trabalho foram-se produzindo distintos tipos de conhecimentos sobre as ações institucionais dos participantes, os quais favoreceram o estudo e a apropriação dos fundamentos político-pedagógicos dessas ações. Vale ainda ressaltar que essas duas linhas foram desenvolvidas no interior do curso, com duração anual, e nos seminários, com periodicidade mensal.

Nas quatro universidades espanholas encontramos grande diversidade de linhas de atuação, fruto das prioridades estabelecidas e também das expectativas e necessidades dos professores. As ações aglutinam-se em três grandes blocos: o das ações destinadas ao atendimento das necessidades dos professores; o das ações que se desenvolvem com base na ideia de constituição de redes, que inserem os docentes em situações formativas articuladas coletivamente; o das ações realizadas no contexto de projetos temáticos. É importante ressaltar que, sabedores das dificuldades dos professores de distintas áreas do conhecimento para formular e implementar projetos de pesquisa sobre a prática docente e para analisar seus resultados, os organismos formadores promovem ações de apoio efetivo para todo esse percurso – desde a fase de elaboração da proposta até a divulgação dos resultados por meio de publicações.

Um quarto ponto a ser destacado nas experiências espanholas refere-se ao investimento feito para que os professores se apropriem das *novas tecnologias disponíveis para o ensino*. Esse é um dos eixos fortes entre as linhas disponibilizadas aos professores, e seu pressuposto é que, num mundo tecnologizado como o atual, é impossível conduzir a formação universitária longe dos recursos tecnológicos. Assim, várias iniciativas voltam-se para o preparo dos professores não só para empregar os instrumentos tecnológicos como ferramentas de ensino, mas também para orientar os estudantes na apropriação dos conhecimentos e habilidades necessárias ao uso das novas tecnologias em seu processo de aprendizagem. Parece-nos que o investimento é para que os professores sejam capazes de incorporar as tecnologias como um elemento habitual de seu trabalho e assim possam capacitar os alunos para o domínio e a apropriação desses novos recursos.

No programa de formação desenvolvido pela USP, essa não foi uma preocupação significativa, embora não estivesse totalmente ausente. Nesse caso, investiu-se no uso da plataforma CoL como meio de comunicação, organização do trabalho e trocas entre os docentes em formação, recurso hoje disponível para todos os docentes da Universidade, porém ainda pouco utilizado.

Como quinto ponto, destacamos, no caso da USP, a relevância dada à *dimensão coletiva da formação docente*. Toda a atividade formativa realizada nos cursos buscou priorizar a produção, a contextualização e a análise das experiências dos docentes, de modo que pudessem ser compreendidas e trabalhadas por todos. Com isso também foi possível valorizar, no trabalho coletivo, a tolerância, a capacidade de escuta e de interação, a sensibilidade para questionar os outros e a si próprio, estabelecer relações de confiança profissional e parceria, instalar um clima capaz de favorecer as trocas e o diálogo entre os participantes. Desenvolveu-se então, com maior facilidade, a compreensão de que os percursos formativos e de crescimento profissional são processos vividos coletivamente e associados a situações de intercâmbio frequente. Ao buscar fortalecer a dimensão coletiva do trabalho docente, o objetivo era criar condições favoráveis ao rompimento do isolamento e do individualismo característicos da docência, especialmente a universitária.

Já nas universidades espanholas identificamos um sexto ponto, que parece caminhar paralelamente à preocupação presente na experiência da USP quanto à dimensão coletiva da formação docente. Trata-se da preocupação com a *constituição de referentes ou exemplos de boas práticas*. Nesses casos, uma das orientações presentes no trabalho formativo consiste na produção e na análise de experiências que possam tornar-se boas referências para que outros professores delas se apropriem e alterem suas possibilidades de atuação. Afirma-se que a existência de outros referenciais práticos permite avaliar o que se faz em aula, além de converter ideias teóricas ou abstratas em possibilidades concretas de atuação. Encontramos em todos os programas a premissa de que exemplos de atuação, de abordagens pedagógicas, de materiais ou recursos didáticos, de maneiras diferenciadas de organização curricular ou de avaliação ensejam a reflexão, assim como a adoção e a priorização de estratégias voltadas para a melhora do processo de ensino-aprendizagem. Investe-se na ideia de que as trocas ou intercâmbios de experiências, em situações presenciais ou virtuais, favorecem a melhora do ensino.

* * *

As possíveis configurações da docência no âmbito das instituições de ensino superior encontram-se imersas em um processo de transformação de abrangência mundial, muito influenciado pelas medidas governamentais e pelas forças do mercado. Nesse contexto, vem ganhando impulso a tendência preocupante de organizar a formação segundo o critério da "aprendizagem centrada no estudante" e converter o professor em "facilitador da aprendizagem" ou "orientador dos alunos", esvaziando seu papel de ensinar e educar. Tornam-se cada vez mais reduzidas as possibilidades de os professores terem tempo para a pesquisa – especialmente para aquela voltada para a análise de suas próprias práticas – ou envolverem-se em projetos coletivos, que fortaleçam as trocas, as parcerias e a dimensão coletiva da docência.

Para além desses agravantes conjunturais, a própria natureza do trabalho docente, em todos os níveis de ensino, envolve dificuldades e grandes responsabilidades. É uma ação social em permanente redefinição e que enfrenta desafios crescentes. No caso do ensino superior, trata-se de formar jovens, que durante a vivência acadêmica estarão em formação e em transformação – no sentido da apropriação de conhecimentos, do desenvolvimento de novos hábitos, comportamentos e atitudes, da capacidade de interação e participação e do fortalecimento da solidariedade, da crítica, do compromisso social.

Diante desses desafios inerentes à profissão, efetivar mudanças nas maneiras de realizar o ensino implica investir esforços na formação pedagógica dos professores, o que poderá ser feito por caminhos distintos em função dos contextos e das filiações políticas das instituições.

Ações destinadas à formação continuada do docente do ensino superior em serviço não são neutras, já que expressam filiações de natureza teórica e compromissos políticos. Em muitos casos, os esforços voltados a essa formação podem acabar por reafirmar a redução do processo educativo à instrução, à transmissão de certos conteúdos selecionados, ao desenvolvimento de determinadas competências, à discussão de mídias, métodos ou técnicas de ensino. Essas características acabam por fortalecer o pensamento operacional dos professores, o que repercute negativamente na formação dos alunos.

Sustentamos, então, que valorizar as possibilidades de formação continuada desses profissionais e disponibilizá-las significa operar com teorias, conceitos e recursos capazes de suscitar reflexões pedagógicas e didáticas sobre o ensinar e o aprender. Significa principalmente desenvolver a capacidade de trabalhar, numa perspectiva crítica, com o contexto histórico, social, cultural e organizacional em que as práticas docentes são realizadas. Significa ainda trabalhar com estratégias capazes de contribuir para a permanente construção da identidade de professor e para a consolidação das bases conceituais que sustentam o conjunto das atividades inerentes ao ensino, rumo ao incessante desenvolvimento profissional. Defendemos, portanto, uma formação densa, para fundamentar uma prática bastante complexa que precisa assegurar a democratização das instituições de ensino superior, o que se traduz na garantia do acesso, da permanência e da qualidade do ensino.

BIBLIOGRAFIA

Bibliografia

ALARCÃO, I. Formação continuada como instrumento de profissionalização docente. In: VEIGA, I. P. (Org.). *Caminhos da profissionalização do magistério.* Campinas: Papirus, 1998.

ALMEIDA, M. I. de. O trabalho dos educadores. In: SILVA, A. M.; AGUIAR, M. A. (Org.). *Retrato da escola pública no Brasil.* Brasília: ArtGraf, 2004. p. 105-118.

_____. *O sindicato como instância formadora dos professores*: novas contribuições ao desenvolvimento profissional. 1999. Tese de doutorado – Faculdade de Educação, Universidade de São Paulo, São Paulo, 1999.

_____; PIMENTA, S. G. Docência universitária: passos de um percurso formativo. In: PIMENTA, S. G.; ALMEIDA, M. I. de (Org.). *Pedagogia universitária*: caminhos para a formação de professores. São Paulo: Cortez, 2011a. p. 7-16.

_____; _____. A construção da pedagogia universitária no âmbito da Universidade de São Paulo. In: PIMENTA, S. G.; ALMEIDA, M. I. de (Org.). *Pedagogia universitária*: caminhos para a formação de professores. São Paulo: Cortez, 2011b. p. 19-43.

_____; _____. Pedagogia universitária: valorizando o ensino e a docência na Universidade de São Paulo. In: PIMENTA, S. G.; ALMEIDA, M. I. de (Org.). *Pedagogia universitária.* São Paulo: Edusp, 2009. p. 13-37.

ANASTASIOU, L. G. Desafios de um processo de profissionalização continuada: elementos da teoria e da prática. *Saberes,* Jaraguá do Sul: Centro Universitário, v. 1, n. 2, p. 22-33, 2000.

ARAÚJO, K. C. L. C. *Os saberes docentes dos professores iniciantes no ensino superior*. 2005. Dissertação de mestrado – Faculdade de Educação, Universidade Federal de Pernambuco, Recife, 2005.

BARNETT, R. C*laves para entender la universidad en una era de supercomplejidad*. Girona: Pomares, 2002.

_____. *Los límites de la competencia*: el conocimiento, la educación superior y la sociedad. Barcelona: Gedisa, 2001.

BELLETATI, V. C. F. *Dificuldades de alunos ingressantes na universidade pública*: um ponto de partida para reflexões sobre a docência universitária. 2011. Tese de doutorado – Faculdade de Educação, Universidade de São Paulo, São Paulo, 2011.

BENEDITO, V.; FERRER, V.; FERRERES, V. *La formación universitaria a debate*. Barcelona: Universitat de Barcelona, 1995.

BENITO, A.; CRUZ, A. *Nuevas claves para la docencia universitaria en el EEES*. Madrid: Narcea, 2005.

BIGGS, J. Cambiar la enseñanza universitaria. In: _____. *Calidad del aprendizaje universitario*. Madrid: Narcea, 2006. p. 19-53.

BISSOLI, M. F. *Identidade docente na área de saúde*: formação continuada/desenvolvimento profissional dos professores do curso de Farmácia da Ufam. Relatório de pós-doutoramento. São Paulo: FE/USP, 2010.

CANDAU, V. *A didática* : Vozes, 1984.

CASTANHO, S. E. M. A universidade entre o sim, o não e o talvez. In: VEIGA, I. P.; CASTANHO, M. E. L. (Org.). *Pedagogia universitária*: a aula em foco. Campinas: Papirus, 2000. p. 13-48.

CASTELLS, M. Prólogo. In: MOLES PLAZA, R. *Universidad S. A.?*: público y privado en la educación superior. Barcelona: Ariel, 2006. p. 9-15.

CHAUI, M. A universidade pública sob nova perspectiva. *Revista Brasileira de Educação*, Rio de Janeiro: Anped, n. 24, p. 1-12, 2003.

COÊLHO, I. M. A gênese da docência universitária. *Linhas Críticas*, Brasília: UnB/Faculdade de Educação, v. 14, n. 26, p. 5-24, 2008.

CONFEDERAÇÃO EUROPEIA DAS CONFERÊNCIAS DE REITORES; ASSOCIAÇÃO EUROPEIA DE UNIVERSIDADES. *A Declaração de Bolonha*: uma explicação. [S.l.: s.n.], 2000. Disponível em: <http://www.google.com/ search?q=cache:BbrRQmwovgJ:www.lpp-uerj.net/olped/ documentos/1095.pdf+declara%C3%A7%C3%A3o+de+bolonha&hl=pt-BR&ct=clnk&cd=4>. Acesso em: 10 jan. 2011.

CONTRERAS, J. *Autonomia de professores*. São Paulo: Cortez, 2002.

CUNHA, M. I. da. Trajetórias e lugares da formação do docente da educação superior: do compromisso individual à responsabilidade institucional. In: REUNIÃO ANUAL DA ANPED, 32., 2009, Caxambu. *Anais...* Caxambu, 2009.

_____. Docência na universidade, cultura e avaliação institucional: saberes silenciados em questão. *Revista Brasileira de Educação*, Rio de Janeiro: Anped, v. 11, n. 32, p. 258-271, 2006a.

_____. *Pedagogia universitária*: energias emancipadoras em tempos neoliberais. Araraquara: Junqueira & Marin, 2006b.

_____. *O professor universitário na transição de paradigmas*. Araraquara: Junqueira & Marin, 1998.

DOURADO, L. F.; OLIVEIRA, J. F.; CATANI, A. M. Transformações recentes e debates atuais no campo da educação superior no Brasil. In: _____; _____; _____ (Org.). *Políticas e gestão da educação superior*: transformações recentes e debates atuais. São Paulo: Alternativa, 2003.

FARIA, L. R. A. *As orientações educativas contra-hegemônicas das décadas de 1980 e 1990 e os rebatimentos pós-modernos nas recentes produções acadêmicas da área da didática*. 2011. Tese de doutorado – Faculdade de Educação, Universidade de São Paulo, São Paulo, 2011.

FEIXAS, M. La influencia de factores personales, institucionales y contextuales en la trayectoria y el desarrollo docente de los profesores universitarios. *Educar,* Barcelona: UAB, n. 33, p. 31-58, 2004.

FIORENTINI, D. et al. Saberes docentes: um desafio para acadêmicos e práticos. In: _____; GERALDI, C. M. G.; PEREIRA, E. M. de A. (Org.). *Cartografias do trabalho docente*. Campinas: Mercado das Letras, 1998.

FRANCO, M. A. S. Didática e pedagogia: da teoria do ensino à teoria pedagógica. In: FRANCO, M. A. S.; PIMENTA, S. G. (Org.). *Didática*: embates contemporâneos. São Paulo: Loyola, 2010. p. 75-99.

_____. *Pedagogia como ciência da educação*. São Paulo: Cortez, 2008.

_____; LISITA, V. M. S. S. Pesquisa-ação: limites e possibilidade na formação docente. In: ENDIPE, 12., 2004, Curitiba. *Anais...* Curitiba, 2004. 1 CD-ROM.

FREIRE, P. *Pedagogia da autonomia*: saberes necessários à prática educativa. São Paulo: Paz e Terra, 1996.

GARCIA, J. C.; ALONSO, C. S.; CRESP, M. U. *Euro-universidad*: mito y realidad del proceso de Bolonia. Barcelona: Icária, 2006.

GAUTHIER, C. et al. *Por uma teoria da pedagogia.* Ijuí: Unijuí, 1998.

GIBBS, G. Mejorar la enseñanza y el aprendizaje universitario mediante estrategias institucionales. *Educar,* Barcelona, n. 33, p. 11-33, 2004.

GIMENO SACRISTÁN, J. *La pedagogía por objetivos*: obsesión por la eficiencia. Madrid: Morata, 1995.

_____; PÉREZ GOMEZ, A. I. *Compreender e transformar o ensino.* Porto Alegre: ArtMed, 1998.

GOÑI ZABALA, J. M. *El Espacio Europeo de Educación Superior, un reto para la universidad.* Barcelona: Octaedro, 2005.

IANNI, O. O professor como intelectual: cultura e dependência. In: CATANI, D. B. et al. (Org.). *Universidade, escola e formação de professores.* São Paulo: Brasiliense, 1986. p. 39-49.

IMBERNÓN MUÑOZ, F. *La formación y el desarrollo profesional del profesorado.* Barcelona: Grão, 1994.

_____; MEDINA MOYA, J. L. Metodologia participativa a l'aula universitaria: la participació de l'alumnat. *Quadernos de Docència Universitária,* Barcelona: ICE/UB, n. 4, 2005.

LEITE, D. (Org.). *Pedagogia universitária.* Porto Alegre: UFRGS, 1999.

LIBÂNEO, J. C. *Pedagogia e pedagogos, para quê?* São Paulo: Cortez, 1998.

_____. Contribuição das ciências da educação no objeto de estudo da didática. In: ENDIPE, 7., 1994, Goiânia. *Anais...* Goiânia, 1994. v. 2, p. 65-78.

MARCELO GARCIA, C. *Formación del profesorado para el cambio educativo.* Barcelona: EUB, 1995.

MASETTO, M. Inovação na educação superior. *Interface – Comunicação, Saúde, Educação,* Botucatu: Fundação UNI/Unesp, v. 8, n. 14, p. 197-203, 2004.

MICHAVILA, F.; CALVO, B. *La universidad española hoy*: propuestas para una política universitaria. Madrid: Síntesis, 1998.

_____. *La universidad española hacia Europa.* Madrid: Fundación Alfonso Martín Escudero, 2000.

MIGUEL DÍAZ, M. (Dir.). *Modalidades de enseñanza centradas en el desarrollo de competencias*: orientaciones para promover el cambio metodológico en el EEES. Oviedo: Universidad de Oviedo, 2005.

MORIN, E. Sobre a reforma universitária. In: ALMEIDA, M. C.; CARVALHO, E. A. Edgard Morin. *Educação e complexidade*: os sete saberes e outros ensaios. São Paulo: Cortez, 2009. p. 13-27.

_____. *Complexidade e transdisciplinaridade*: a reforma da universidade e do ensino fundamental. Natal: EDUFRN, 2000.

NÓVOA, A. Os professores na virada do milênio: do excesso dos discursos à pobreza das práticas. *Educação e Pesquisa,* São Paulo, v. 25, n. 1, p. 11-20, 1999.

OLIVEIRA, F. Recuperando a visão? – prefácio. In: SGUISSARDI, V.; SILVA JÚNIOR, J. dos R. *Trabalho intensificado nas federais*: pós-graduação e produtivismo acadêmico. São Paulo: Xamã, 2009. p. 11-16.

ORDORIKA, I. Universidades y globalización: tendencias hegemónicas y construcción de alternativas. *Educación Superior y Sociedad,* Caracas: Iesalc, n. 12, p. 175-190, jul. 2007.

PÉREZ GÓMEZ, A. La función y formación del profesor/a en la enseñanza para la comprensión: diferentes perspectivas. In: SACRISTÁN, J. G.; PÉREZ GÓMEZ, A. *Comprender la enseñanza*. Madrid: Morata, 1992. p. 398-429.

PIMENTA, S. G. A didática como mediação na construção da identidade do professor: uma experiência de ensino e pesquisa. In: ANDRÉ, M. E. D. A. de; OLIVEIRA, M. R. N. S. (Org.). *Alternativas para o ensino da didática*. Campinas: Papirus, 1997. v. 2, p. 37-70.

_____. Educação, pedagogia e didática. In: ENDIPE, 7., 1994, Goiânia. *Anais...* Goiânia, 1994. v. 2, p. 44-64.

_____ et al. Pedagogia universitária: valorizando o ensino e a docência na Universidade de São Paulo. In: _____. *Relatório de gestão 2006/2009*. São Paulo: USP/PRG, 2009. p. 173-194.

_____ et al. A construção da didática no GT de didática: análise de seus referenciais. In: REUNIÃO ANUAL DA ANPED, 33., 2010, Caxambu. *Anais...* Caxambu, 2010. v. 1.

_____; ALMEIDA, M. I. de (Org.). *Pedagogia universitária*: caminhos para a formação de professores. São Paulo: Cortez, 2011.

_____; _____. *Pedagogia universitária*. São Paulo: Edusp, 2009.

_____; ANASTASIOU, L. G. *Docência no ensino superior*. São Paulo: Cortez, 2002.

_____; _____; CAVALLET, V. J. Docência no ensino superior: construindo caminhos. In: PIMENTA, S. G. (Org.). *De professores, pesquisa e didática*. Campinas: Papirus, 2002. p. 129-144.

PLAZA, S. de la. Tendencias de cara al proceso actual de reforma de la educación universitaria. In: SAZ DÍAZ, J. M.; GÓMEZ PULIDO, J. M. (Coord.). *Universidad... ¿para qué?* Alcalá: Universidad de Alcalá, 2003. p. 73-84.

ROBERTSON, S. L. O Processo de Bolonha torna-se global: modelo, mercado, mobilidade, força intelectual ou estratégica para construção do Estado. *Revista Brasileira de Educação,* Rio de Janeiro, v. 14, n. 42, 2009.

ROMAÑA, T.; GROS, B. La profesión del docente universitario del siglo XXI: ¿cambios superficiales o profundos? *Revista de Enseñanza Universitaria,* Sevilla: Universidad de Sevilla, n. 21, p. 7-36, 2003.

RUÉ, J. Enseñar en la universidad: el EEES como reto para la educación superior. Madrid: Narcea, 2007a.

_____. Significados de la "formación docente" en las universidades españolas en marco del EEES. [S.l.: s.n.], 2007b. Mimeografado.

_____; ALMEIDA, M. I. de; ARANTES, V. A. (Org.). *Educação e competências*: pontos e contrapontos. São Paulo: Summus, 2009.

SANTOS FILHO, J. C. Universidade, modernidade e pós-modernidade. In: _____ (Org.). *Escola e universidade na pós-modernidade.* Campinas: Mercado das Letras: Fapesp, 2000. p. 15-60.

TARDIF, M. *Saberes docentes e formação profissional.* Petrópolis: Vozes, 2002.

TORRENT, R. *Noves raons de la universitat*: un assaig sobre l'espai universitari català. Vic: Eumo, 2002.

UNESCO. *Declaración mundial sobre la educación superior en el siglo XXI*: visión y acción. Paris, 1998.

VEIGA, I. P.; CASTANHO, M. E. L. (Org.). *Pedagogia universitária*: a aula em foco. Campinas: Papirus, 2000.

ZABALZA, M. A. *La enseñanza universitaria*: el escenario y sus protagonistas. Madrid: Narcea, 2004.

ZAINKO, M. A. S. A política de expansão e os desafios da educação superior no Brasil. In: CONGRESSO NACIONAL DE EDUCAÇÃO, 9., 2009, Curitiba. *Anais...* Curitiba: PUC/PR, 2009. Disponível em: <http://www.pucpr.br/eventos/educere/educere2009/anais/pdf/3265_1714.pdf>. Acesso em: 11 fev. 2011.

Maria Isabel de Almeida é professora associada da Faculdade de Educação da Universidade de São Paulo, onde desenvolveu estudos de pós-graduação na área de didática. Trabalha centralmente com a formação de professores e orienta pesquisas de mestrado e doutorado nos campos da didática e formação de professores, temas presentes também em suas publicações. Seus últimos estudos e pesquisas têm sido sobre pedagogia universitária, tendo realizado estudos de pós-doutorado nesse campo junto à Universidade Autônoma de Barcelona. Participou da gestão da área da graduação na Universidade de São Paulo no período 2006-2009, como assessora da Pró-Reitoria de Graduação. Atualmente é vice-presidente e vice-coordenadora do Programa de Pós-Graduação da FE/USP e integra a Comissão Coordenadora do Programa de Aperfeiçoamento do Ensino junto à Pró-Reitoria de Pós-Graduação da USP. É integrante do Colegiado de Gestão do Grupo de Trabalho de Didática da Associação Nacional de Pós-Graduação e Pesquisa em Educação (Anped). É também coordenadora (em parceria) e pesquisadora do Grupo de Estudos e Pesquisa sobre a Formação de Educadores (Gepefe-FE/USP).